MIT VOLLGAS INS WUNSCHLEBEN

ErfolgsBremsen lösen und
neue Höhenflüge im Business erleben!

Michaea Ortmayer

ÜBER DAS BUCH

Fühlst du dich ausgebremst im Business und Leben? „Mit Vollgas ins Wunschleben“ ist dein Fahrplan zu mehr Erfolg und Lebensqualität.

Ich, Michaela Ortmayer, nehme dich mit auf eine transformative Reise, auf der du deine "ErfolgsBremsen" wie Angst, Stress und suboptimalen Lifestyle zu identifizieren und überwinden lernst. Basierend auf bewährten Strategien biete ich dir konkrete Lösungen, die über herkömmliche Ratgeber hinausgehen. Entdecke das neue ErfolgsBremsenLöser Konzept und erfahre, wie Hypnose als mentaler Turbo wirken kann. Dieses Buch ist für alle UnternehmerInnen, Führungskräfte und Menschen, die bereit sind, die Bremsen zu lösen und durchzustarten. Steige ein und erlebe neue Höhenflüge im Business!

DIE AUTORIN

Michaela Ortmayer eröffnete 2012 ihre eigene Praxis für Hypnosetherapie. Im Laufe der Jahre folgten Weiterbildungen im Bereich der Ernährung und Hormone. Sie ist zum zweiten Mal verheiratet, hat zwei erwachsene Töchter und lebt im schönen Münsterland.

Impressum

Texte und Gestaltung:

Verlag:

ISBN: 9798867575663

ErfolgsBremsenLöserin und Hypnotiseurin
Michaela Ortmayer
Amtmann-Schipper-Str. 52, 48282 Emsdetten
www.erfolgsbremsenloesen.jetzt

INHALTSVERZEICHNIS

Ein Dank an Unterstützer und Kritiker 5

Mein exklusives Geschenk für dich: Das Hörbuch zum Buch 7

Einleitung 9

Warum dieses Buch für dich geschrieben wurde 9
Warum du dieses Buch lesen solltest 10
Über die Autorin 11

ErfolgsBremsen, die nicht erkannten Fesseln deines Erfolgs 13

Was sind ErfolgsBremsen? 14
Woher kommen die ErfolgsBremsen? 16
Wie das Unterbewusstsein dich beeinflusst 18
Das Unterbewusstsein am Steuer deines Business 24

Angst als ErfolgsBremse 29

Was sind Ängste und wie wirken sie sich auf dein Wunschleben aus? 33
Woher kommen diese Ängste? 35
Wie äußern sich Ängste? 37
Die VIP Liste der Business-Ängste und wie sie sich auf deinen Erfolg auswirken 38
Was bewirken diese Ängste im Business? 41

Stress als ErfolgsBremse 47

Meine Stressoren: Kurz vorm Burnout die Kurve bekommen 48
Die Auswirkungen von Stress auf Leben und Business .. 49

Die Top 5 Stressoren im Business 53
Effektive Stressbewältigungsstrategien 55

Lifestyle als ErfolgsBremse 59

Persönliche Erfahrungen: Meine Hindernisse im Lifestyle 61
Die Auswirkungen des Lifestyles auf Erfolg und Lebensqualität...62
Lifestyle-Fallen: So verhinderst du deinen Erfolg 65
Lifestyle Upgrade: Dein Weg zur Bestform 72

Neue Höhenflüge: Dein Business auf der Überholspur.. 79

ErfolgsBremsen Check: Was bremst dich aus?................79

Das ErfolgsBremsenLöser Konzept als Gamechanger... 87

Was ist das für ein Konzept? 87
Hypnose: dein mentaler Turbo..88
Was genau ist Hypnose eigentlich? 89
Online-Hypnose: ist sie sicher und funktioniert sie ebenso gut, wie Hypnose vor Ort?...................................92
Warum du mit Hypnose effizienter zum Ziel kommst....95

Dein Körper als Erfolgsfaktor 99

Dein Erfolgslifestyle 113

Erfolgsstorys 119

Schlusswort 137

EIN DANK AN UNTERSTÜTZER UND KRITIKER

Ein großes Dankeschön gilt meiner Familie - und das nicht nur während der Entstehung dieses Buches. Ich bin dankbar für euer Verständnis dafür, dass ich in den letzten Monaten mehr Zeit hinter der Tastatur als mit euch verbracht habe. So konnte ich dieses Buch mit voller Aufmerksamkeit schreiben.

Ein besonderer Dank geht raus an meine Freundin Sonja und meinen Mann Uli. Ihr seid meine wertvollsten Kritiker. Eure konstruktiven Anmerkungen und anhaltende Motivation haben maßgeblich dazu beigetragen, dass dieses Buch zu dem wurde, was es jetzt ist – ein Werk, das hoffentlich viele inspirieren wird.

MEIN EXKLUSIVES GESCHENK FÜR DICH: DAS HÖRBUCH ZUM BUCH

als besonderes Dankeschön für dein Interesse an "Mit Vollgas ins Wunschleben" möchte ich dir eine exklusive Möglichkeit bieten: Hol dir jetzt dein kostenloses Hörbuch und erlebe die inspirierenden Inhalte auf eine ganz neue Art und Weise!

Warum solltest du dieses Angebot nicht verpassen?

- Flexibilität beim Lernen und Entdecken: Egal, ob du unterwegs bist, beim Sport oder einfach nur entspannen möchtest – das Hörbuch bietet dir die Freiheit, die wertvollen Inhalte des Buches überall und jederzeit zu genießen.

- Vertiefe dein Verständnis: Das Hörerlebnis kann dir helfen, die Inhalte noch intensiver zu verinnerlichen und zu reflektieren.

- Bequemlichkeit: Keine Zeit zum Lesen? Kein Problem! Mit dem Hörbuch kannst du die Inhalte des Buches aufnehmen, ohne deine täglichen Routinen zu unterbrechen.

- Persönliche Verbindung: Höre die Inhalte in meiner eigenen Stimme und erlebe eine persönlichere und tiefere Verbindung zu den Themen und Ideen des Buches.

So sicherst du dir dein kostenloses Hörbuch:

1. Scanne den folgenden QR-Code.

2. Gib deine E-Mail-Adresse ein, um Zugang zum Download zu erhalten.

3. Genieße das Hörbuch auf deinem bevorzugten Gerät, wann immer du möchtest.

Verpasse nicht diese einmalige Gelegenheit, "Mit Vollgas ins Wunschleben" in einer neuen Dimension zu erleben. Ich wünsche dir viel Freude und Inspiration beim Hören!

bitly

SCAN ME

Liebe Grüße
Michaela Ortmayer

EINLEITUNG

Warum dieses Buch für dich geschrieben wurde

Dieses Buch richtet sich speziell an die LeserInnen, die spüren, dass mehr in ihnen steckt, aber nicht dazu in der Lage sind, ihr volles Potenzial zu nutzen.

In den folgenden Kapiteln wird enthüllt, wie du deine verborgenen und offensichtlichen Talente voll ausschöpfen kannst, um dein Leben noch mehr zu feiern.

In zahlreichen Gesprächen mit meinen KlientInnen habe ich festgestellt, dass viele sich selbst im Weg stehen. Obwohl sie bereits vieles erreicht haben in ihrem Leben, fühlen sie sich oft nicht gut genug oder zweifeln an ihren Fähigkeiten. Sie bremsen sich selbst aus und verhindern, dass sie ihre volle Größe erreichen.

Die Angst vor Kritik oder negativem Feedback hält sie davon ab, ihre eigene Meinung zu vertreten und ihr Leben zu leben, wie sie es für richtig halten. Sie sind sich nicht bewusst, was sie schon alles geschafft haben. Was dafür sorgen kann, dass sie nicht über ihre Erfolge reden und von den Menschen in ihrer Umgebung nicht ausreichend wertgeschätzt werden.

Dieses Buch soll dir Mut machen, deine inneren und äußeren ErfolgsBremsen zu lösen und mit Vollgas in dein Wunschleben zu starten.

Warum du dieses Buch lesen solltest

Du weißt bereits, dass mehr in dir steckt. Erlaubst dir aber nicht wirklich dein Ding zu machen? Dann habe ich dieses Buch genau für dich geschrieben.

Es ist mehr als nur eine Lektüre; es ist ein umfassender Leitfaden, der dir hilft, die verborgenen und offensichtlichen "ErfolgsBremsen" in deinem Leben und Business zu identifizieren und zu lösen.

Wir tauchen tief in das Thema Unterbewusstsein ein und wie es dich, dein Leben und dein Business beeinflusst. Entdecke, wie du diese verborgenen Kräfte nutzen kannst, um deinen Erfolg und Umsatz zu steigern.

Angst ist eine der größten ErfolgsBremsen. Meine eigenen Erfahrungen teile ich gerne mit dir, um Wege aufzuzeigen, wie du deine Ängste überwinden kannst. Die VIP-Liste der Business-Ängste wird vorgestellt, begleitet von konkreten Strategien zur Überwindung.

Stress ist ein weiterer Faktor, der dich ausbremsen kann. Kurz vor einem Burnout habe ich die Kurve bekommen und aus meinen Erfahrungen heraus, teile ich effektive Stressbewältigungsstrategien mit dir, die mir damals geholfen haben.

Der Lifestyle kann ebenfalls eine ErfolgsBremse sein. Wir sprechen über die Auswirkungen des Lifestyles auf deinen Erfolg und deine Lebensqualität.

Die Inhalte des Buches führen dich näher heran an dein Wunschleben. Entdecke, wie die Weichen für deinen Erfolg gestellt und Bremsen gelöst werden können.

Über die Autorin

Mein Name ist Michaela Ortmayer, ich bin 50 Jahre alt, zum zweiten Mal verheiratet, habe zwei erwachsene Töchter und einen Hund.

Seit Anfang 2012 habe ich eine eigene Praxis, in der ich Menschen helfe, ihre Ängste zu überwinden, abzunehmen, Stress zu bewältigen oder neue Höhenflüge in ihrem Business zu erleben. Gestartet bin ich mit einer reinen Hypnosepraxis.

Auch heute nutze ich weiterhin die Hypnose als Hauptwerkzeug bei der Begleitung meiner Klienten auf ihrem Veränderungsweg. Darüber hinaus nutze ich inzwischen ergänzend mein Fachwissen aus den Bereichen Ernährung und Hormone, um die gewünschten Veränderungen auf ganzheitlicher Ebene zu unterstützen.

Hätte mir damals jemand gesagt, dass ich einmal erfolgreiche Unternehmerin bin und dieses Buch schreibe, hätte ich ihm wohl einen Vogel gezeigt. Denn damals war ich noch als Angestellte tätig und tat die Dinge, die zum Überleben notwendig waren. Allerdings war ich damit nie so ganz glücklich. In mir gab es viele ErfolgsBremsen, die verhindert haben, dass ich meinen eigenen Wünschen und Bedürfnissen folge und mein Potenzial voll auslebe.

Von einigen ErfolgsBremsen werde ich dir später in diesem Buch mehr berichten. Meine eigenen sind inzwischen größtenteils gelöst. Ja, ich sage bewusst „größtenteils“, denn bei jeder neuen Herausforderung oder auf jedem neuen Erfolgslevel können wieder welche lauern. Sie zeigen sich meist erst Stück für Stück. Die gute Nachricht ist: sind die grundlegenden ErfolgsBremsen gelöst, werden die darauffolgenden immer kleiner und damit leichter zu lösen.

ERFOLGSBREMSEN, DIE NICHT ERKANNTEN FESSELN DEINES ERFOLGS

Du bist ambitioniert, engagiert und voller Tatendrang. Du hast Ziele, Visionen und Träume. Aber irgendwie scheint es, als würdest du auf der Stelle treten, dich im Kreis drehen und du kommst über einen gewissen Punkt nicht hinaus. Kennst du das Gefühl? Wenn ja, dann lass uns gemeinsam den Schleier lüften und herausfinden, was dich wirklich zurückhält.

Das Faszinierende und zugleich frustrierende an Erfolgs-Bremsen ist ihre Unsichtbarkeit. Sie sind wie unbewussten Fesseln, die dich unbemerkt zurückhalten. Du spürst, dass etwas nicht stimmt, kannst aber nicht genau sagen, was es ist. Das macht sie so schwer zu erkennen und noch schwerer zu überwinden.

Oft empfinden wir uns selbst als unseren schlimmsten Feind. Du hast vielleicht schon von dem Begriff „Selbstsabotage“ gehört. Das sind die kleinen, fast unsichtbaren Handlungen oder Gedanken, die dich von deinem Ziel abbringen. Vielleicht verschiebst du wichtige Aufgaben, zweifelst an deinen Fähigkeiten oder vermeidest, Dinge zu tun, die du eigentlich gerne machen würdest. Das sind alles Formen der Selbstsabotage, die deine ErfolgsBremsen aktivieren.

Doch was genau sind diese ErfolgsBremsen und wie kannst du sie erkennen und lösen?

Was sind ErfolgsBremsen?

ErfolgsBremsen sind alle Faktoren, die uns daran hindern privat und beruflich erfolgreich zu sein. Sie sind die heimlichen Saboteure auf deinem Weg in dein Wunschleben.

Sie sorgen dafür, dass uns Glaubenssätze und Verhaltensmuster klein halten, statt unsere Träume zu verwirklichen. Sie halten uns davon ab, unseren großen Zielen nachzugehen und wir bleiben in alten Mustern stecken.

ErfolgsBremsen können ganz unterschiedliche Ursachen haben, auf einige davon gehen wir später in eigenen Kapiteln genauer ein:

- Negative Glaubenssätze, die uns klein halten
- Ängste und (Selbst-) Zweifel, die uns lähmen
- Stress und Überforderung, die uns auslaugen
- ungesunde Lebensgewohnheiten, die uns schwächen
- Perfektionismus, der uns blockiert
- Mangel an Selbstvertrauen

Oft mischen sich mehrere dieser Faktoren. Sie haben gemeinsam, dass sie uns daran hindern, unser Leben so zu gestalten, wie wir es uns eigentlich wünschen.

Die Ursachen dafür, dass du bisher nicht dein Wunschleben gelebt hast, liegen tief in deinem Unterbewusstsein und sorgen dafür, dass du dich auf eine bestimmte Art und Weise verhältst, denkst und handelst. ErfolgsBremsen sind uns in vielen Fällen nicht bewusst und selbst wenn sie uns bewusst sind, haben wir das Gefühl ihnen ausgeliefert zu sein, weil wir uns nicht dagegen wehren können. Wir spüren die Auswirkungen, können aber die wahren Gründe dafür nicht benennen.

Beispiele dafür sind:

- Du träumst davon, dich mit deinem eigenen Business selbstständig zu machen. Aber immer, wenn du entsprechende Schritte unternehmen möchtest, hält dich etwas zurück.

- Du möchtest dein Unternehmen oder deine Karriere vorantreiben. Aber du fühlst dich unwohl bei Gesprächen mit Kunden oder dem Chef, die Stimme bleibt dir weg, sodass du deine wahre Kompetenz nicht zeigen kannst.

- Du möchtest frei von Ängsten leben, traust dich aber nicht, dir Hilfe zu suchen.

- Du träumst von einer glücklichen Beziehung, zweifelst aber an deinem eigenen Wert und gehst daher nicht daten.

Das sind nur wenige von unzähligen Beispielen. Sie haben gemeinsam, dass unsichtbare Grenzen in unserem Kopf uns daran hindern, ins Handeln zu kommen, um unser Potenzial zu entfalten. Innerlich sorgen sie für den Glaubenssatz: „Du kannst das nicht."

Woher kommen die ErfolgsBremsen?

Oft entstehen sie schon in unserer Kindheit. Alle Erfahrungen, unsere Eltern und andere wichtige Bezugspersonen prägen uns.

Beispiele für negative Prägungen:

- Wenig Zuspruch und Ermutigung vom Umfeld können zu mangelndem Selbstvertrauen führen.
- Zu wenig Selbstständigkeit und Überbehütung können uns ängstlich werden lassen
- Ungerechtfertigte Kritik und Strenge können das Gefühl erzeugen, nicht gut genug zu sein.
- Mobbing oder Spott in der Schule können unser Selbstbild sehr schädigen und unsere Selbstsicherheit schwinden lassen.

Diese frühen Erfahrungen werden in unserem Unterbewusstsein verankert und wirken von innen heraus auf unser Denken und Handeln. Sie beeinflussen, ob wir unsere Träume und Ziele verwirklichen, oder ob wir das Gefühl haben, dass uns das nicht zusteht.

Wenn wir im späteren Leben weitere Rückschläge erleben, können diese die ErfolgsBremsen verstärken:

- Negative Erlebnisse in der Pubertät und als Erwachsene
- Ungerechtigkeiten, Trennungen, Entlassungen
- Krankheiten, Trauer
- Misserfolge

All die oben genannten Faktoren können dazu führen, dass wir uns selbst ausbremsen, ohne es zu bemerken. Häufig führt es auch dazu, dass wir uns auf das Negative fokussieren, anstatt unsere Träume und Ziele zu verfolgen.

Erfahrungsgemäß liegen die größten ErfolgsBremsen auf der mentalen Ebene, deshalb haben wir sie an dieser Stelle ausführlicher besprochen.

Aber ErfolgsBremsen können auch auf körperlicher Ebene liegen. Wenn zum Beispiel bestimmte Blutwerte nicht so eingestellt sind, wie es sinnvoll wäre.

Dann kann es dazu führen, dass du träge, müde, antriebslos bist und aus dem Grund gar nicht die Kraft und Energie hast, um zu tun, was du wirklich möchtest. Möglicherweise ist auch dein Hormonhaushalt durcheinander und die Dysbalance der Hormone hält dich davon ab, deine Ziele zu erreichen.

Ebenso ist es möglich, dass dein Lifestyle dich ausbremst. Wenn du zum Beispiel dauerhaft zu wenig Schlaf bekommst, hast du zu wenig Energie, kannst dich schlecht konzentrieren und nicht kreativ sein beziehungsweise nicht deine volle Kraft dafür nutzen, dein Wunschleben zu leben.

Vielleicht raubst du deinem Körper auch die Kraft, durch ungesunde Ernährung, Übergewicht, Rauchen und zu wenig Sport. In einem späteren Kapitel gehen wir noch genauer darauf ein, was dich auf körperlicher Ebene und im Bereich des Lifestyles ausbremsen kann.

Oft bedingen sich diese Ebenen gegenseitig. Negative Gedanken führen zu negativen Emotionen, die sich körperlich auswirken. Oder schlechte Angewohnheiten hindern uns daran, dauerhaft neue Verhaltensweisen in unseren Alltag zu integrieren.

Daher ist es wichtig, die ErfolgsBremsen ganzheitlich anzugehen, um sie nachhaltig auflösen zu können.

Wie das Unterbewusstsein dich beeinflusst

Du hast also inzwischen erfahren, dass du von ErfolgsBremsen beeinflusst wirst. Aber war dir bewusst, dass dein Unterbewusstsein diese Bremsen aktiviert? Und es aktiviert sie in dem guten Glauben, dass es dir hilft, besser durchs Leben zu kommen.

Dein Unterbewusstsein ist eine faszinierende Instanz in deinem Inneren. Ohne dass du es bewusst steuerst, ist es unablässig damit beschäftigt, Eindrücke zu verarbeiten, Entscheidungen zu treffen und deine Emotionen und Verhaltensweisen zu beeinflussen. Im Grunde fungiert dein Unterbewusstsein wie der CEO deines Lebens - nur dass es im Verborgenen agiert.

Diese Tatsache ist widersprüchlich: Einerseits kann dir dein Unterbewusstsein enorm helfen, indem es Routinen steuert, wichtige Informationen speichert und intuitiv Lösungen findet. Andererseits kann es dich auch massiv ausbremsen und behindern, wenn sich im Laufe deines Lebens unvorteilhafte Muster und Glaubenssätze verfestigt haben.

Wie kommt es dazu, dass dein Unterbewusstsein manchmal gegen dich zu arbeiten scheint, anstatt für dich? Dies hängt mit seiner evolutionären Prägung zusammen. Seine oberste Priorität war stets das Überleben in einer feindlichen Umwelt. Fortschritt und Wachstum standen nicht im Vordergrund. Daher lässt es sich von altbekannten Mustern und der Angst vor Veränderung leiten.

Für unser heutiges Leben ist diese Programmierung aber nicht mehr optimal. Sie führt dazu, dass wir in unserer Komfortzone bleiben und Chancen verstreichen lassen. Unser Unterbewusstsein bremst uns aus, statt uns zu neuen Ufern zu tragen.

Die gute Nachricht ist: Wir müssen uns dem nicht hilflos ausliefern. Wir können unser Unterbewusstsein umprogrammieren und ihm neue Glaubenssätze einpflanzen. Es ist möglich, die autopilotartigen Handlungen in neue Bahnen zu lenken.

Doch dafür müssen wir zunächst verstehen, wie unser Unterbewusstsein funktioniert, welche Muster darin vorherrschen und wo genau die ErfolgsBremsen sitzen. Erst, wenn wir uns dessen bewusst sind, können wir einen Wandel herbeiführen.

Um zu verstehen, wie dein Unterbewusstsein dich ausbremst, hilft folgender Vergleich: Stell es dir wie einen Autopiloten in einem Flugzeug vor. Die meiste Zeit läuft alles automatisch ab - so wie du auch im Alltagsmodus bestimmte Handlungen und Gedanken automatisch abspulst.

Diese Routine hat den Vorteil, dass dein Gehirn nicht immer wieder aufs neue Entscheidungen treffen muss. Das spart enorme Ressourcen. Allerdings fliegst du damit auch immer gleiche Bahnen ab, hältst an alten Gewohnheiten fest.

Genau das ist der Nachteil des Autopiloten, ob im Flugzeug oder in deinem Kopf: Er hält dich in festgefahrenen Mustern und verhindert, dass du dein Leben aktiver gestaltest und verbesserst. Dies kann dich in vielen Lebensbereichen ausbremsen.

Beispiele dafür sind:

- Du hast dir schon lange vorgenommen, dich selbstständig zu machen, gehst aber nie das Risiko ein. Zu stark ist die Gewohnheit der Festanstellung.

- Du möchtest endlich abnehmen, isst aber weiterhin zu viel Fast Food. Die alten Essmuster sind zu vertraut.

- Du sehnst dich nach der großen Liebe, traust dich aber nicht, aktiv zu daten. Die Komfortzone des Single-Daseins gibt dir Scheinsicherheit.

- Du träumst von Reisen in ferne Länder, planst aber immer nur den Sommerurlaub auf Balkonien. Das Unbekannte macht dir Angst.

Dies sind nur einige von unzähligen Beispielen, wie der Autopilot in deinem Kopf dich bremst. Er hält dich in alten Gewohnheiten und Komfortzonen gefangen, weil er das Vertraute dem Neuen und Unbekannten vorzieht.

Woher kommt das? Es hat einen evolutionären Ursprung. In der menschlichen Geschichte war Veränderung oft mit Gefahr verbunden. Daher ist unser Gehirn so programmiert, dem Bekannten zu vertrauen, auch wenn es nicht optimal ist. Lieber den Spatz in der Hand als die Taube auf dem Dach.

Was genau geschieht in den tiefen Schichten deiner Psyche? Der erste Schritt ist die Wahrnehmung. Alles, was du siehst, hörst und fühlst, durchläuft als Erstes dein Unterbewusstsein. Es ist der Filter, durch den du die Welt betrachtest.

Stell dir das bildlich so vor: Dein Unterbewusstsein ist wie eine schützende Brille, die zwischen dir und der Außenwelt sitzt. Sie filtert die Reize und lässt nur das durch, was sie als relevant erachtet.

Dadurch ersparst du dir eine Überflutung mit Eindrücken. Die Kehrseite ist jedoch, dass du die Welt immer durch den Filter deiner eigenen Prägung siehst. Du nimmst sie also verzerrt wahr und kannst die Eindrücke dadurch falsch deuten.

Konkret funktioniert dieser Wahrnehmungsfilter so:

- Dein Unterbewusstsein achtet nur auf Reize, die mit deinen inneren Mustern übereinstimmen. Alles andere blendet es aus.

- Es interpretiert die Reize anhand deiner Glaubenssätze und bisherigen Erfahrungen. Die eigenen Muster werden somit auf die Außenwelt projiziert.

- Informationen, die nicht ins Weltbild passen, werden oft umgedeutet oder verdrängt. Man sieht nur das, was man sehen möchte.

- Auf dieser verzerrten Basis trifft das Unterbewusstsein Entscheidungen und lenkt dein Verhalten.

Die Auswirkungen dieses verzerrten Filters sind vielfältig. Zum Beispiel:

- Du siehst in anderen nur die negativen Eigenschaften und verkennst ihre Stärken.

- Du deutest Situationen grundsätzlich als bedrohlich, weil Ängste deine Wahrnehmung färben.

- Du nimmst Komplimente nicht an, da sie nicht zu deinem negativen Selbstbild passen.

- Du siehst nur Hindernisse und Chancen gehen an dir vorbei, da dein Filter auf Misserfolg programmiert ist.

Sobald du dir der verzerrenden Wirkung deines Filters bewusst bist, kannst du lernen, ihn zu kontrollieren. Du nimmst die Welt klarer und objektiver wahr, anstatt sie nur durch die Brille deiner Prägung zu sehen. Das ermöglicht dir bessere Entscheidungen.

Basierend auf dieser gefilterten Wahrnehmung formt das Unterbewusstsein deine Glaubenssätze, die dein Denken und Handeln steuern.

Dabei verallgemeinert es einzelne Erfahrungen zu generellen Mustern. Durch wiederholte Bestätigung manifestieren sich diese dann immer stärker. Sie prägen die Grundüberzeugung, mit der du durchs Leben gehst.

Diese Prägung geschieht häufig bereits in der Kindheit. Das kindliche Gehirn ist so optimiert, aus Erfahrungen schnell allgemeingültige Schlüsse zu ziehen. Wurdest du als Kind oft kritisiert, speichert dein Unterbewusstsein ab: "Ich bin nicht gut genug."

Später ist es schwer, diese Muster noch zu ändern. Selbst wenn es gegenteilige Erfahrungen gibt, werden diese oft so umgedeutet, dass sie ins Weltbild passen. Man sieht nur das, was die eigenen Glaubenssätze bestätigt.

Problematisch wird es, wenn diese Glaubenssätze negativ sind und Selbstzweifel, Ängste und Ohnmachtsgefühle produzieren. Sie manifestieren sich als ErfolgsBremsen.

Typische Beispiele sind:

- Ich bin nicht intelligent genug.
- Ich habe kein Talent dafür.
- Ich schaffe das nie.
- Ich bin es nicht wert.

- Ich sollte lieber nicht auffallen.
- Vorsicht ist besser als Risiko.
- Perfektionismus ist der Maßstab.

Mit diesen inneren Überzeugungen werden Erfolge unwahrscheinlich. Es entsteht ein Teufelskreis:

Dein Unterbewusstsein lässt dich die Welt so sehen, dass sie deine negativen Glaubenssätze bestätigt. Und wenn diese sich zu oft bestätigen, manifestieren sie sich immer stärker.

Du siehst also: Dein Unterbewusstsein ist eine sehr widersprüchliche Instanz. Einerseits kann es dir nutzen, wenn es positiv für dich arbeitet. Andererseits kann es dein größter Saboteur sein, wenn sich ungünstige Muster eingeschlichen haben. Seine Umprogrammierung ist der Schlüssel zu mehr Erfolg!

Die gute Nachricht ist: Du kannst deinen mentalen Autopiloten durchbrechen! Indem du dir deiner ungünstigen Muster bewusst wirst und neue, produktivere Denk- und Verhaltensweisen in deinen Alltag integrierst. Es erfordert Disziplin und Geduld, aber du kannst dein Leben aktiv zum Positiven steuern.

Das Unterbewusstsein am Steuer deines Business

Du hast also gerade von der Macht des Unterbewusstseins gelesen und wie es dein persönliches Leben beeinflusst. Aber wusstest du, dass es auch der unsichtbare Kapitän deines Business-Schiffs ist? Ja, du hast richtig gehört. Dein Unterbewusstsein hat einen massiven Einfluss darauf, wie erfolgreich dein Business ist – oder eben nicht. Also, lass uns das Steuerrad in die Hand nehmen und Kurs auf Erfolg setzen!

Du denkst vielleicht, dass du die volle Kontrolle über dein Business hast. Aber wenn das so ist, warum gibt es dann immer wieder diese Momente, in denen du dich selbst sabotierst? Vielleicht zögerst du, eine wichtige Entscheidung zu treffen, oder du schiebst Aufgaben auf, die eigentlich Priorität haben sollten. Da ist dein Unterbewusstsein am Werk, das die Regeln des Spiels bestimmt. Es ist wie ein unsichtbarer Drehbuchautor, der die Szenen deines Businesslebens schreibt, oft ohne dein Wissen.

Dein Unterbewusstsein ist wie ein Autopilot, der viele Abläufe in deinem Business lenkt, ohne dass du es bewusst steuerst. Das kann sehr praktisch sein, birgt aber auch Risiken. Denn dieser Autopilot verfügt über alle deine Erfahrungen, Glaubenssätze und Emotionen - gute wie schlechte. Und er wird diese in dein Business einfließen lassen.

Jeder von uns hat einen inneren Kritiker, der quasi im Unterbewusstsein wohnt und er kann eine echte ErfolgsBremse sein. Er kann dich davon abhalten, Risiken einzugehen oder innovative Ideen zu verfolgen, die dein Business wirklich voranbringen könnten. Der innere Kritiker ist auch dafür verantwortlich, dass deine Glaubenssätze eher negativ geprägt sind. Sie können dich und dein Business ausbremsen.

Typische Beispiele sind:

- „Ich bin nicht gut genug für den Erfolg."

- „Meine Ideen sind nicht innovativ genug."
- „Die Konkurrenz ist mir überlegen."
- „Ich schaffe das niemals allein."

Solche negativen Glaubenssätze werden deine Selbstzweifel stärken und können dich stark beeinflussen. Du wirst mit hoher Wahrscheinlichkeit Risiken scheuen, Chancen verpassen und schlechtere Entscheidungen treffen. Dein Business wird darunter leiden.

Dein Unterbewusstsein speichert alle deine Erfahrungen, sowohl die guten als auch die schlechten. Manchmal hält es an alten Mustern fest, die in der Vergangenheit vielleicht sinnvoll waren, aber jetzt dein Wachstum behindern. Vielleicht hast du in der Vergangenheit eine schlechte Erfahrung mit einem Geschäftspartner gemacht und jetzt zögerst du, neue Kooperationen einzugehen. Oder du bist von einem Kunden sehr kritisiert worden und zweifelst nun aufgrund dieser einen Aussage dein ganzes Geschäftsmodell an.

Aber das Unterbewusstsein merkt sich nicht nur deine Gedanken und Erfahrungen, sondern wird auch von deiner Umgebung beeinflusst. Die Menschen, mit denen du dich umgibst, die Bücher, die du liest, und sogar die Musik, die du hörst, können dein Unterbewusstsein prägen. Wenn du also von Menschen umgeben bist, die ständig negativ sind oder dich nicht unterstützen, wird das deinen inneren Autopiloten beeinflussen. Es ist also wichtig, dass du dir bewusst machst, welche externen Faktoren dein Unterbewusstsein beeinflussen könnten.

Gewohnheiten sind ein weiterer wichtiger Faktor, der oft übersehen wird. Sie sind wie kleine Programme, die in deinem Unterbewusstsein laufen und deine täglichen Aktionen steuern. Einige dieser Gewohnheiten sind gut für dein Business, wie zum Beispiel regelmäßiges Networking oder ständige Weiterbildung. Andere könnten schädlich sein, wie Aufschieberitis oder das ständige Überprüfen von Social Media. Indem du deine Gewohnheiten änderst, kannst du auch dein Unterbewusstsein und damit dein Business positiv beeinflussen.

Im Unterbewusstsein liegt auch deine Intuition. Diese „Bauchgefühle“ oder „inneren Eingebungen“ sind oft erstaunlich präzise und können dir wertvolle Hinweise für dein Business geben. Lerne, auf deine Intuition zu hören und sie als zusätzliches Werkzeug in deinem Entscheidungsprozess zu nutzen. Sie ist wie ein innerer Kompass, der dir hilft, den richtigen Kurs zu finden.

Die gute Nachricht ist:

Du kannst Einfluss nehmen! Indem du dein Unterbewusstsein umprogrammierst, kannst du diese Negativmuster auflösen. Mit Affirmationen, Visualisierungen, Meditation und gezielter Hypnose lassen sich neue, positive Glaubenssätze verankern.

Stell dir vor, dein Unterbewusstsein würde nun denken:

- „Ich habe alle Fähigkeiten, die ich brauche.“
- „Meine Ideen sind innovativ und werden den Markt revolutionieren.“

- „Ich bin dem Erfolg gewachsen und verdiene ihn."
- „Ich treffe kluge Entscheidungen für mein Business."
- „Misserfolge machen mich nur stärker."

Würde das dich als Person und dein Business nicht enorm positiv beeinflussen?

Genau diese Umprogrammierung gehen wir im weiteren Verlauf des Buches gemeinsam an. Du wirst lernen, deinen mentalen Autopiloten auf Erfolgskurs zu bringen.

Das Unterbewusstsein ist ein mächtiger Akteur in deinem Business. Es kann sowohl dein bester Freund als auch dein schlimmster Feind sein. Aber das Gute ist, du hast die Kontrolle. Du kannst lernen, wie du dein Unterbewusstsein so umprogrammierst, dass es dir hilft, deine Business-Ziele zu erreichen. Und das Beste daran? Du musst das Rad nicht neu erfinden. Es gibt bereits viele bewährte Strategien und Werkzeuge, die dir dabei helfen können. Einige davon wirst du im Verlauf des Buches kennenlernen.

Deine Mentalität formt die Realität deines Business. Nutze diese Macht, um deinen Traum zu verwirklichen! Indem du dein Unterbewusstsein positiv konditionierst, wirst du Kurs auf dein Wunschbusiness nehmen und lässt dich von nichts mehr abbringen. Dein Potenzial ist grenzenlos - du darfst es freisetzen!

ANGST ALS ERFOLGSBREMSE

Du bist voller Energie, Ideen sprudeln nur so aus dir heraus und du bist bereit, die Welt zu erobern. Aber halt, was ist das? Ein unangenehmes Gefühl kriecht in deine Gedanken und plötzlich fühlst du dich wie gelähmt. Ja, das ist Angst, der unsichtbare Anker, der dich daran hindert, dein Wunschleben zu leben und dein Business zum Erfolg zu führen.

Angst kommt in vielen Formen und Größen. Ängste haben ihre eigenen Mechanismen und Auswirkungen auf dein Leben und dein Business.

Angst ist ein mächtiger Emotionscocktail, der aus Unsicherheit, Zweifel und Sorge besteht. Sie kann dich in deinem persönlichen Leben ausbremsen, indem sie dich davon abhält, Risiken einzugehen, neue Beziehungen einzugehen oder einfach nur du selbst zu sein. Im Business-Kontext kann Angst genauso lähmend wirken. Sie kann dich davon abhalten, innovative Ideen zu verfolgen, Investitionen zu tätigen oder sogar dein Business überhaupt zu starten.

Du fragst dich vielleicht: „Warum habe ich Angst?" Die Antwort ist komplex, denn Angst ist oft tief in unserem Unterbewusstsein verwurzelt. Sie kann aus früheren Erfahrungen stammen, aus negativen Glaubenssätzen oder sogar aus gesellschaftlichen Normen und Erwartungen.

Angst ist nicht nur eine mentale Belastung. Sie kann zu Stress, Schlaflosigkeit und sogar zu gesundheitlichen Problemen wie Herz-Kreislauf-Erkrankungen führen. Emotional kann sie zu Burnout, Depression und allgemeinem Unwohlsein führen. Diese Zustände sind nicht nur schädlich für dich als Person, sondern sie können auch die Qualität deiner Arbeit und die Beziehungen in deinem Business beeinträchtigen.

Ein weiteres Problem mit der Angst ist, dass sie oft einen Teufelskreis erzeugt. Angst führt unter anderem dazu, dass du Dinge vor dir her schiebst, was wiederum mehr Angst erzeugt. Dieser Zyklus kann sehr schwer zu durchbrechen sein, besonders wenn du dich alleine fühlst. Aber du bist nicht alleine. Viele Menschen, auch erfolgreiche Unternehmer, haben ihre eigenen Ängste und Unsicherheiten. Der Unterschied ist, wie man damit umgeht.

Angst ist ein mächtiger Gegner, aber sie ist nicht unbesiegbar. Mit den richtigen Strategien und einer positiven Einstellung kannst du den unsichtbaren Anker lösen, der dich zurückhält. Du hast das Potenzial für großartige Dinge, sowohl im Leben als auch im Business. Es ist an der Zeit, dieses Potenzial zu nutzen.

Jetzt kommt die gute Nachricht:

Du hast die Möglichkeit, deine Ängste zu überwinden. Du kannst lernen, sie zu erkennen, zu verstehen und schließlich zu kontrollieren. Stell dir vor, wie befreiend es wäre, wenn du ohne die Last der Angst leben könntest. Wie würde das dein Leben und dein Business verändern? Wahrscheinlich ziemlich dramatisch, oder?

Wie bereits in vorherigen Kapiteln besprochen, spielt das Unterbewusstsein eine entscheidende Rolle bei der Entstehung und Aufrechterhaltung von Ängsten. Deine tief verwurzelten Glaubenssätze und Erfahrungen formen deine Wahrnehmung der Welt und beeinflussen, wie du auf bestimmte Situationen reagierst. Indem du diese Muster erkennst und veränderst, kannst du die Kontrolle zurückgewinnen.

Jetzt, da wir allgemein über Ängste und ihre Auswirkungen auf dein Leben und Business gesprochen haben, bekommst du im nächsten Kapitel einen Blick hinter die Kulissen meiner eigenen Ängste, welchen Einfluss sie auf mein Leben/Business hatten und wie ich sie gelöst habe.

Dadurch, dass ich meine eigene Geschichte mit dir teile, möchte ich dich zu Lösungen inspirieren, die dir helfen, deine eigenen Ängste zu überwinden.

Meine Ängste: ein Blick hinter die Kulissen

Drei Ängste gab es, die Einfluss auf mein Privat- und Geschäftsleben genommen haben. Gerne erzähle ich dir in diesem Kapitel von meiner Präsentationsangst, Angst vor dem Autofahren und mehr Umsatz.

Präsentationsangst

Stell dir vor, du bist wieder in der 8. Klasse. Der Chemieunterricht ist in vollem Gange, und der Lehrer entscheidet, dass es Zeit ist ein wenig vorzulesen. Du weißt, dass du bald an der Reihe bist. Dein Herz beginnt zu rasen, deine Hände werden feucht, und du kannst den Text vor dir kaum noch fokussieren. Dann kommt der Moment. Du bist dran und stolperst über die Worte, deine Stimme zittert, du vergisst zu atmen und plötzlich fängst du an, nach Luft zu schnappen. Die Klasse bricht in Gelächter aus, und du wünschst dir im Erdboden zu versinken.

Dieser Moment hat sich in mein Gedächtnis eingebrannt und wurde zur Geburtsstunde meiner Präsentationsangst. Jahre später, als ich meine eigenen Vorträge halten sollte, spürte ich immer noch die negativen Gefühle aus dieser schmerzhaften Erfahrung. Die Angst lähmte mich, hielt mich davon ab, meine Ideen und mein Wissen mit der Welt zu teilen. Ich vermied es Vorträge zu halten oder irgendwo öffentlich aufzutreten. Da es rund um das Thema „Hypnose" so viele Mythen gibt, die ich aufklären möchte, war es mir sehr wichtig diese Angst aufzulösen.

Angst vorm Autofahren

Es war ein ganz normaler Arbeitstag, und ich war auf dem Weg nach Münster. Plötzlich, wie aus dem Nichts, begann mein Herz zu rasen. Hitze durchströmte meinen Körper, und ich bekam kaum noch Luft. Ich dachte, ich würde ohnmächtig werden, mitten auf der Autobahn. Später erfuhr ich, dass diese Symptome auf meine Schilddrüsenüberfunktion zurückzuführen waren. Aber der Schaden war angerichtet.

Diese Panikattacke verwandelte jede Autofahrt in eine Tortur. Denn entweder kam die Panik tatsächlich wieder auf oder ich hatte Angst davor, wieder diese unangenehmen Symptome zu spüren. Ich vermied es, zu Netzwerkveranstaltungen zu fahren, die nicht in der Nähe eines Bahnhofs lagen. Im privaten Rahmen wurde mein Mann zu meinem persönlichen Chauffeur, und ich fühlte mich immer abhängiger und eingeschränkter.

Angst vor mehr Umsatz

Klingt verrückt, oder? Wer hat schon Angst vor mehr Umsatz? Ich hatte sie. Jedes Mal, wenn mein Kalender sich füllte und ich kurz davor war, eine bestimmte Umsatzgrenze zu überschreiten, passierten seltsame Dinge. Klienten verschoben Termine, Krankheiten tauchten auf, und ehe ich mich versah, war ich wieder unter meiner „sicheren" Umsatzgrenze.

Es hat lange gedauert, bis ich erkannt habe, dass ich selbst diese unsichtbare Umsatzschallmauer errichtet hatte. Aber als ich sie endlich erkannte, konnte ich sie durchbrechen. Mein Umsatz hat sich seitdem vervielfacht, und ich habe gelernt, dass mehr Erfolg zu haben etwas Gutes ist.

In den nächsten Kapiteln beschäftigen wir uns weiter mit Ängsten und wie wir sie lösen können. Gestützt sind diese Lösungsansätze auf meine eigenen Erfahrungen, daher ist es mir auch so wichtig, sie hier mit dir zu teilen.

Was sind Ängste und wie wirken sie sich auf dein Wunschleben aus?

Jeder Mensch kennt sie: Ängste, die uns hemmen. Sie können viele Formen annehmen, von konkreten Phobien bis zu diffuser Unsicherheit. So unterschiedlich Ängste auch sind, eines haben sie gemeinsam: Sie sind unsichtbare Barrieren, die uns davon abhalten können, unser Wunschleben zu leben.

Ängste sind eine der häufigsten und zugleich unbewusstesten ErfolgsBremsen. Sie verhindern, dass wir unser Leben so leben, wie wir es wirklich möchten. Wir bleiben in alten Mustern gefangen, weil die Angst vor Veränderung zu groß ist. Stell dir vor, du bist auf dem Weg zu deinem Traumleben, aber es gibt unsichtbare Hürden, die dich zurückhalten. Diese Hürden sind oft deine Ängste.

Sie können so tief in deinem Unterbewusstsein verankert sein, dass du sie vielleicht nicht einmal bemerkst. Aber sie sind da und können dich davon abhalten, deine eigenen Bedürfnisse zu erkennen und ihnen zu folgen, um dein Wunschleben zu leben. Sie können dich zögern lassen, wenn es darum geht, eine neue Beziehung einzugehen, eine neue Karriere zu starten oder in dein eigenes Unternehmen zu investieren. Ängste können auch dein Selbstwertgefühl untergraben, was wiederum deine Fähigkeit beeinträchtigt, klare und selbstbewusste Entscheidungen zu treffen.

Ängste können wie ein Nebel sein, der deine Sicht trübt und dich daran hindert, die Möglichkeiten zu sehen, die direkt vor dir liegen. Sie können dich in einer Komfortzone gefangen halten. Dort mag alles vertraut und behaglich erscheinen, aber sie ist auch der Ort, an dem Träume und Ambitionen verkümmern.

Du könntest dich in Routinen verfangen, die dir zwar kurzfristig Sicherheit geben, aber langfristig deine Entwicklung hemmen.

Ängste können dich dazu bringen, immer den einfachsten, harmonischsten Weg zu wählen. Das kann dazu führen, dass du deine eigenen Bedürfnisse so weit zurückstellst, dass du gar nicht mehr dein Wunschleben führen kannst.

Woher kommen diese Ängste?

Ängste haben eine wichtige biologische Funktion. Sie sind unser natürlicher Schutzmechanismus in gefährlichen Situationen. Durch Angst wird der Körper in Alarmbereitschaft versetzt:

Er schüttet Stresshormone aus, unsere Muskeln spannen sich an, wir sind bereit zur Flucht oder zum Kampf.

Diese Reaktion war überlebenswichtig für unsere Vorfahren. Angst war der Bodyguard, der sie vor wilden Tieren und feindlichen Stämmen beschützte. Ohne Angst hätten sie nicht lange in der Wildnis überlebt.

Heute sehen die Lebensumstände natürlich ganz anders aus. Trotzdem ist unser Angst-Mechanismus derselbe geblieben und immer noch schnell aktiviert - auch wenn keine echte Gefahr droht. Oft reichen bereits diffuse Befürchtungen oder das Ungewisse, um Angst auszulösen. So entwickelt sich Angst von einem Beschützer mehr und mehr zu einem Lähmungstreiber, der uns ausbremst. Diese Transformation gilt es zu erkennen und umzukehren.

Was kann noch dazu führen, dass wir Ängste entwickeln?

- Negative Erfahrungen in der Kindheit oder Jugend: Herabsetzungen, Ausgrenzung, Gewalt können zu tief sitzenden Ängsten führen.

- Traumatische Erlebnisse: Missbrauch, Unfälle, Verlust eines Elternteils - solche Ereignisse prägen uns sehr.

- Erlernte Glaubenssätze: Botschaften aus unserem Umfeld wie „Sei vorsichtig" oder „Stell dich nicht so sehr in den Vordergrund" manifestieren sich als Angstprogramme.

- Gene und Temperament: Manche Menschen haben von Natur aus eine größere Angstbereitschaft.

- Stress: In Stressphasen tendieren wir zu mehr Ängstlichkeit. Die negativen Gedanken verstärken sich gegenseitig.

- Ungünstige Vorbilder: Wenn wichtige Bezugspersonen sich ängstlich verhalten, übernehmen wir diese Haltung.

- Trauer/Krankheit: Schicksalsschläge konfrontieren uns mit der Begrenztheit des Lebens, was existenzielle Ängste wecken kann.

- Alter: Mit zunehmendem Alter steigt oft die körperliche Verletzbarkeit, sodass Ängste wachsen.

Grundsätzlich lassen sich Ängste in folgende Bereiche einteilen:

- Ängste im Beziehungsbereich (Trennungsängste, Angst vor Ablehnung)

- Ängste vor gesundheitlichen/körperlichen Risiken

- Ängste vor dem Unbekannten/Neuen (Veränderungsängste)

- Soziale Ängste (Angst in Gruppen, Lampenfieber, Angst vor Peinlichkeit)

- Phobien (Höhenangst, Angst vor Spinnen etc.)
- Ängste im Beruf und Unternehmen (hierzu mehr im nächsten Kapitel)

Oft treten auch Kombinationen dieser Ängste auf oder sie verstärken sich gegenseitig.

Wie äußern sich Ängste?

Ängste können sich auf vielfältige Weise zeigen, körperlich und psychisch:

- Nervosität, Anspannung, Zittern
- Herzklopfen, Engegefühl in der Brust
- Schwitzige Hände, feuchte Handflächen
- Kurzatmigkeit, Hyperventilation
- Verkrampfung, Verspannungen
- Kopfweh, Magenschmerzen
- Schlaflosigkeit, Erschöpfung
- Grübeleien, Schwarzmalerei
- Vermeidungsverhalten
- Reizbarkeit, Aggression

- Konzentrationsschwäche
- Gefühl der Isolation

Diese Symptome sollten wir ernst nehmen und ihnen auf den Grund gehen. Oft verdecken sie unbewusste Ängste, die unser Denken und Handeln steuern. Erst wenn diese Ängste sichtbar werden, können wir einen angemessenen Umgang mit ihnen finden.

Indem wir die Wurzeln unserer Ängste erkennen, können wir besser mit ihnen umgehen und ihre Macht über uns verringern.

Es ist wichtig zu verstehen, dass Ängste oft nur die Spitze des Eisbergs sind. Unter der Oberfläche können tief verwurzelte Glaubenssätze und Erfahrungen liegen, die deine Ängste nähren. Durch das Erkennen und Verstehen dieser tieferen Ursachen kannst du effektive Wege finden, deine Ängste zu überwinden und dein volles Potenzial freizusetzen.

Also, bist du bereit, den Nebel der Ängste zu durchdringen und den klaren Himmel deines Wunschlebens zu sehen? Ich hoffe, deine Antwort ist ein entschlossenes Ja!

Die VIP Liste der Business-Ängste und wie sie sich auf deinen Erfolg auswirken

Die Top 5 Ängste im Business sind:

1. Die Angst vor dem Scheitern, Misserfolg oder Versagen

Diese weit verbreitete Angst kann UnternehmerInnen, aber auch Angestellte davon abhalten, Risiken einzugehen, die für den Erfolg notwendig sind. Sie kann dazu führen, dass man zögert, neue Projekte oder Initiativen zu starten.

Die Furcht, Ziele nicht zu erreichen oder Erwartungen zu enttäuschen, lähmt uns, weshalb wir lieber in unserer Komfortzone bleiben oder uns nicht trauen, uns hohe Ziele zu setzen. Wir meiden es, aus unseren Fehlern zu lernen, da schon der Gedanke an Misserfolg zu schmerzhaft ist.

Diese Angst hat häufig ihre Wurzeln in Kindheitserfahrungen, wo Misserfolge mit mangelnder Liebe oder Ablehnung bestraft wurden. Auch Mobbing-Erlebnisse können sie verstärken. Oder der hohe Perfektionismus mancher Eltern setzt die Messlatte so hoch, dass wir immer das Gefühl haben zu versagen.

Die Angst vor Misserfolg äußert sich in Zweifeln an der eigenen Fähigkeit, in fehlender Risikobereitschaft und im Verharren in sicheren Mustern. Sie raubt uns den Mut, unsere Träume zu verfolgen. Doch ohne Risiko gibt es kein Wachstum.

2. Angst vor Ablehnung

Wir haben übertriebene Sorge davor, angegriffen oder zurückgewiesen zu werden. Das hindert uns, uns zu zeigen. Ob es um den Verkauf eines Produkts oder die Vorstellung einer neuen Idee geht, die Angst vor Ablehnung kann lähmend wirken.

Sie kann dazu führen, dass wir uns nicht trauen, unsere Gedanken und Vorschläge offen zu äußern aus Furcht, ausgelacht oder nicht ernst genommen zu werden. Wir halten uns zurück, um bloß niemanden vor den Kopf zu stoßen.

Diese Angst gründet häufig auf Erfahrungen wie Mobbing oder dem Gefühl, in der Kindheit nie gut genug gewesen zu sein. Heute müssen wir lernen, Kritik und Ablehnung nicht persönlich zu nehmen, sondern als Chance zu verstehen. Nur wer sich zeigt, kommt weiter.

3. Angst vor finanziellen Verlusten

Die Sorge um finanzielle Stabilität kann dazu führen, dass wir uns vor notwendigen Investitionen scheuen oder uns zu sehr auf kurzfristige Gewinne konzentrieren, anstatt langfristige Strategien zu verfolgen. Was das Wachstum des Unternehmens bremsen kann.

Diese Angst entsteht oft aus der Furcht vor Existenzverlust und Armut. Wir projizieren negative Erfahrungen aus der Vergangenheit in die Zukunft. Doch Geld sollte Mittel zum Zweck sein, kein Selbstzweck aus Angst. Es gilt, einen gesunden Mittelweg zwischen Risiko und Sicherheit zu finden.

4. Angst vor Kritik

Diese Angst kann die Offenheit für Feedback und die Bereitschaft zur Verbesserung einschränken. Sie kann auch dazu führen, dass man sich in einer „Echo-Kammer" wiederfindet, in der nur die Meinungen geteilt werden, die der eigenen entsprechen. Dies verhindert Innovationen und frustriert dich als UnternehmerIn ebenso wie deine Mitarbeiter.

Hinter dieser Angst steckt meist mangelndes Selbstvertrauen. Kritik wird persönlich genommen als Zeichen eigener Unzulänglichkeit. Doch Kritik sollte immer produktiv und wohlwollend sein. So aufgenommen, ist sie eine Chance für Weiterentwicklung.

5. Angst vor Entscheidungen

Die Furcht, eine falsche Entscheidung zu treffen, kann bewirken, dass wir zögern und wichtige Tätigkeiten aufschieben. Dies kann wiederum dazu führen, dass große Chancen verpasst werden und das Unternehmen ins Stocken gerät.

Diese Angst kommt daher, dass wir perfekte Entscheidungen treffen wollen. Doch das ist unmöglich. Es gilt, auf Basis unvollständiger Informationen das bestmögliche Urteil zu fällen und dabei Bauchgefühl und Intuition einzubeziehen. Auch vermeintlich falsche Entscheidungen bringen uns weiter.

Was bewirken diese Ängste im Business?

Sie sorgen dafür, dass wir:

- in unserer Komfortzone bleiben, statt uns weiterzuentwickeln
- Risiken vermeiden und dadurch Chancen verpassen
- uns weniger zutrauen und nicht nach Höherem streben
- nicht wagen, unsere Ideen zu teilen und uns zu zeigen

Im Business-Kontext können Ängste konkret dazu führen, dass du dich auf altbewährte Methoden und Technologien verlässt, anstatt Neues auszuprobieren. Du könntest zögern, in fortschrittliche Technologien zu investieren oder innovative Marketingstrategien zu verfolgen, aus Angst, dass sie scheitern könnten.

Diese Ängste können dich sogar davon abhalten, talentierte Mitarbeiter einzustellen oder geschäftliche Partnerschaften einzugehen, weil du fürchtest, die Kontrolle zu verlieren. Ängste können dich auch so sehr lähmen, dass du wichtige Entscheidungen aufschiebst, was letztlich zu verpassten Chancen und stagnierendem Wachstum führt.

Aber Ängste beeinflussen nicht nur dich persönlich; sie können sich auch auf dein Team und dein gesamtes Unternehmen auswirken. Ein von Ängsten geprägtes Arbeitsumfeld kann zu einer Kultur der Vorsicht und des Misstrauens führen, in der Kreativität und Innovation erstickt werden.

Mitarbeiter könnten zögern, ihre Ideen zu teilen oder Verantwortung zu übernehmen, was die Produktivität und die Mitarbeiterzufriedenheit beeinträchtigt. Letztlich leidet darunter die gesamte Dynamik und Leistungsfähigkeit des Unternehmens.

Diese Ängste sind oft unbewusst und äußern sich nur in diffusem Unbehagen. Aber sie bestimmen unser Verhalten und hindern uns, unsere Ziele zu erreichen.

Kurz gesagt frisst die Angst unsere Motivation auf und raubt uns den Antrieb. Das Bewusstsein für diese Ängste und die Arbeit an Strategien zu ihrer Überwindung können daher entscheidend für den Erfolg im Geschäftsleben sein.

Strategien zur Überwindung von Ängsten

In diesem Kapitel möchte ich dir einige Ideen mit auf den Weg geben, wie du deine Ängste erkennen, lindern oder überwinden kannst. Suche dir aus dem Büfett der Möglichkeiten gerne diejenigen aus, die dich spontan am meisten ansprechen.

1. Erkenne und benenne deine Ängste. Schreibe sie dir auf und beobachte, in welcher Situation sie auftreten. Je besser du deine Ängste kennst, desto besser kannst du etwas gegen sie tun.

2. Stelle dich kleinen Herausforderungen und feiere deine Erfolge. Mache dir bewusst, was schon alles gut funktioniert. Achte dabei auch auf kleine Fortschritte. Hierdurch stärkst du das Vertrauen in dich selbst und deine Fähigkeiten. Nach und nach kannst du die Herausforderungen vergrößern und dadurch noch mehr Sicherheit gewinnen.

3. Suche dir Vorbilder, die trotz ihrer Ängste erfolgreich ihren Weg gegangen sind. Frage sie, was sie getan haben, um ihre Ängste zu überwinden. Das ermutigt und zeigt: Es ist möglich!

4. Sprich mit Menschen, denen du vertraust, über deine Ängste. Geteilte Ängste werden häufig als weniger belastend wahrgenommen.

5. Erstelle eine Liste von positiven Affirmationen, die du in angstauslösenden Momenten wiederholen kannst. Diese können dir helfen, deinen Fokus von der Angst weg und hin zu einer positiveren Denkweise zu lenken. Wieder-

hole die positiven Suggestionen mehrfach, beispielsweise „Alles ist gut“ oder „Ich bin in Sicherheit“, um Ängsten den Nährboden zu entziehen.

6. Geh spazieren, mache Sport, nutze eine Meditation oder Selbsthypnose, um Stress abzubauen. Das beruhigt dein Nervenkostüm und reduziert dadurch die Ängste.

7. Schreibe ein Dankbarkeitstagebuch, in das du täglich 3 Dinge schreibst, für die du dankbar bist. An Tagen, an denen es dir nicht so gut ging, kannst du deine Notizen lesen und die positiven Erinnerungen und Gefühle, die damit verbunden sind, wieder wachrufen.

8. Atme die Angst weg, indem du tief einatmest und dabei innerlich bis 5 zählst. Halte dann die Luft an und zähle ebenfalls bis 5. Danach atme so lange wie möglich aus. Wiederhole diese tiefe Atmung 2–3 Mal. Mache eine kurze Pause und nutze die Übung erneut. Mit jedem Mal wirst du ruhiger werden.

9. Nutze Visualisierungen. Stelle dir vor, wie du erfolgreich mit der angstauslösenden Situation umgehst. Stell dir vor, wie du dich fühlst, was du denkst und tust, wenn du die Situation ohne Ängste erlebst. Dadurch gibst du deinem Unterbewusstsein ein Ziel, auf das es mit dir gemeinsam hinarbeiten kann. Ein guter Zeitpunkt für diese Übung ist kurz vor dem Einschlafen.

10. In einigen Fällen kann es hilfreich sein, professionelle Hilfe in Anspruch zu nehmen. Dies kann eine Therapie oder ein Coaching sein, das speziell darauf ausgerichtet ist, Ängste zu behandeln.

Jede dieser Strategien kannst du individuell an deine Bedürfnisse anpassen, sodass sie gut zu dir und deinen Ängsten passen.

Vielleicht möchtest du auch Möglichkeiten kombinieren. Vertraue auf dein Bauchgefühl.

Mit Selbstliebe, Geduld und Zuversicht lassen sich die ErfolgsBremsen nach und nach überwinden.

Du bist stärker als deine Ängste!

STRESS ALS ERFOLGSBREMSE

Stell dir vor, du sitzt in einem schnellen Auto, bereit, die offene Straße zu erobern. Das Adrenalin pumpt, die Landschaft zieht an dir vorbei, und du fühlst dich frei. Aber anstatt Gas zu geben und die Geschwindigkeit zu genießen, trittst du ständig auf die Bremse. Das ist genau das, was Stress in unserem Leben und in unserem Business tut. Er bremst uns aus, oft, ohne dass wir es überhaupt merken.

Im Privatleben manifestiert sich Stress in vielen Formen. Vielleicht fühlst du dich überfordert von der ständigen Erreichbarkeit durch Smartphones oder sozialen Medien. Vielleicht fühlst du dich ständig erschöpft, weil du versuchst, allen gerecht zu werden - deiner Familie, deinen Freunden und deinen eigenen Erwartungen. Anstatt die Zeit mit Familie und Freunden zu genießen, sind wir oft abgelenkt oder zu müde, um wirklich präsent zu sein. Dies kann zu Spannungen in Beziehungen führen, zu Missverständnissen und letztlich dazu, dass wir den Spaß an Aktivitäten verlieren, die wir eigentlich lieben.

Im Business-Kontext kann Stress noch komplexer sein. Ständige Sorgen um Deadlines, der Druck, immer mehr in kürzerer Zeit zu erledigen, und die Angst, nicht gut genug zu sein, können unsere Kreativität und Produktivität drosseln. Anstatt innovative Ideen zu entwickeln, kluge Entscheidungen zu treffen und mutige Schritte zu wagen, reagieren wir oft nur noch auf das, was gerade vor uns liegt. Das kann dazu führen, dass wir Chancen verpassen, uns in endlosen Meetings verlieren oder Fehler machen, die uns später teuer zu stehen kommen.

Aber warum ist das so? Warum lassen wir Stress so viel Macht über uns? Stress aktiviert unsere „Kampf-oder-Flucht"-Reaktion. Das war früher, in der Steinzeit, super hilfreich, wenn wir vor einem Säbelzahntiger fliehen mussten. Aber im modernen Leben, wo die „Gefahren" oft aus überfüllten E-Mail-Postfächern, vollen Terminkalendern oder endlosen To-do-Listen bestehen, ist diese ständige Alarmbereitschaft nicht mehr so nützlich.

Bevor wir uns weiter mit Stress, seinen Auswirkungen auf Privatleben und Business beschäftigen und du Lösungsstrategien für die Reduzierung und den Umgang mit Stress bekommst, möchte ich dir kurz eine Geschichte von mir erzählen.

Meine Stressoren: Kurz vorm Burnout die Kurve bekommen

Es war Anfang 2012, als ich beschloss, nebenberuflich meine eigene Hypnosepraxis in Emsdetten zu eröffnen. Es hat mich viel Mut gekostet, diesen Schritt zu gehen. Aber ich spürte, dass dies meine Berufung war. Drei Jahre später wagte ich den Sprung in die komplette Selbstständigkeit. Doch der Weg dorthin war nicht immer einfach. In meinem Kopf hörte ich Stimmen aus der Vergangenheit, die mir sagten, dass ich nicht gut genug bin. Negative Glaubenssätze, innere Blockaden und mangelndes Durchhaltevermögen waren ständige Begleiter. Ängste und Unsicherheiten hielten mich oft zurück. Ich gönnte mir kaum Pausen, immer in der Angst, etwas zu verpassen oder nicht genug zu tun. Mein fehlendes Selbstvertrauen wurde durch mein beträchtliches Übergewicht noch verstärkt, was mich noch mehr stresste. Als wäre das nicht genug, kamen mit der Selbstständigkeit neue

Herausforderungen auf mich zu. Buchhaltung, Marketing, Produktentwicklung, Netzwerken - alles schien auf einmal auf mich einzuprasseln. Der Stress war überwältigend und ich stand kurz vorm Burnout. Für mich als Hypnosetherapeutin keine gute Voraussetzung, um ruhig und entspannt mit Klienten zu arbeiten. Aber ich wusste, dass Hypnose mir helfen kann.

Mit der Unterstützung von Kollegen begann ich, meine Erfolgsblockaden zu überwinden und lernte, mit Stress besser umzugehen. Auf meinen eigenen ErfolgsBremsenLöser Weg durfte ich mein starkes Übergewicht, Ängste und Unsicherheiten loslassen. Lernte, ruhiger und gelassener zu sein, auch, wenn ich viel zu tun hatte. Mit der Zeit reduzierte sich der Stress aus meinem Inneren und im Äußeren. Das gab mir die Möglichkeit, klarer zu denken, um mein Unternehmen gut führen zu können. Dies sorgte dafür, dass der Erfolg wachsen und ich dabei gesund bleiben konnte.

Die Auswirkungen von Stress auf Leben und Business

Stress ist eines der größten Hemmnisse auf dem Weg zu mehr Lebensqualität und beruflichem Erfolg. Obwohl jeder Mensch unterschiedlich auf Stress reagiert, haben wir doch alle schon seine Auswirkungen erlebt. Stress raubt uns die

Energie, macht uns anfälliger für Erkrankungen und Fehler. Hindert uns daran, unser Potenzial voll zu entfalten. Daher gilt es, die Stressfallen zu erkennen und Schritt für Schritt den Umgang mit Stress zu verbessern.

Stressoren lauern überall in unserem Arbeits- und Privatleben. Die häufigsten Auslöser sind:

- Zeitdruck und Multitasking
- Perfektionismus
- Konflikte und Umgang mit schwierigen Menschen
- Überforderung und mangelnde Work-Life-Balance
- Finanzielle Sorgen
- Gesundheitliche Probleme
- Familiäre Belastungen
- Fehlende Wertschätzung und Sinnkrise

Jeder Mensch hat seine individuellen Stressoren. Wichtig ist, diese persönlichen Stressfallen zu kennen und ehrlich zu analysieren, wo die größten Belastungen liegen.

Stress zeigt sich auf vielfältige Weise in Körper und Psyche:

- Nervosität, Gereiztheit, Aggressionen
- Ständige Anspannung und Unruhe

- Muskelverspannungen, Verspannungskopfschmerz
- Schlafstörungen, Erschöpfung, Antriebslosigkeit
- Konzentrationsschwäche und Vergesslichkeit
- Häufige Erkältungen und Infekte, gestörtes Immunsystem
- Verdauungsbeschwerden, Durchfall oder Verstopfung
- Erschöpfung, Burnout, Depressionen

All dies sind Alarmsignale, die man ernst nehmen sollte. Sie weisen darauf hin, dass der Körper überlastet ist und dringend eine Pause braucht. Auch auf der mentalen Ebene äußert sich Stress:

- Gedankenkreisen und Grübeleien
- Negativität und Schwarzmalerei
- Pessimistischer Blick in die Zukunft
- Gefühl der Hilflosigkeit
- Angst und Unsicherheit
- Freudlosigkeit und Teilnahmslosigkeit

Chronischer Stress lässt uns die Welt zunehmend negativ wahrnehmen. Das Gehirn schaltet auf den Überlebensmodus „Kampf oder Flucht“. Das lässt uns kurzfristig funktionieren, langfristig macht es uns aber krank und unglücklich. Wenn wir langfristig im Stressmodus bleiben, hat das gravierende Folgen:

- Die Fähigkeit zu kreativ zu denken nimmt ab.
- Wir neigen zu Perfektionismus und verkrampfen uns.
- Die Merkfähigkeit und Konzentration lassen nach.
- Wir fällen schlechtere Entscheidungen und machen mehr Fehler.
- Unsere Beziehungen leiden, da uns die Nerven blank liegen.
- Wir haben weniger Zugang zu unseren Gefühlen und Bedürfnissen.
- Unser Immunsystem wird geschwächt und wir werden anfälliger für Krankheiten.
- Die Lebensfreude und Motivation sinken und wir resignieren.
- Im Extremfall drohen Burnout und Depressionen
- Wir altern schneller, da der ständige Stress den Körper belastet.
- Unser Selbstwertgefühl leidet, da wir uns als Versager wahrnehmen.

- Wir isolieren uns und ziehen uns aus dem Sozialleben zurück.

- Suchtverhalten kann zunehmen, um dem Stress zu entfliehen.

- Im Schlaf erholen wir uns nicht mehr so gut und wachen erschöpft auf.

Diese Folgen zeigen deutlich:

Chronischer Stress ist alles andere als harmlos. Er macht uns krank, unglücklich und raubt uns die Lebensfreude.

Die Top 5 Stressoren im Business

1. Zeitmanagement und Arbeitsbelastung:

Zu viele Aufgaben und Projekte, oft mit engen Fristen, können zu Überstunden und Burnout führen. Dies ist besonders häufig in Unternehmen der Fall, die unterbesetzt sind oder in denen von den Mitarbeitern erwartet wird, dass sie ständig über ihre Kapazitäten hinaus arbeiten.

Die Unternehmer selbst arbeiten oft viele Stunden. Dazu kommt das Gefühl, ständig „eingeschaltet“ sein zu müssen und nie wirklich „abschalten“ zu können.

2. Kommunikationsprobleme:

Mangelnde Kommunikation von Vorgesetzten oder zwischen Kollegen kann zu Missverständnissen, Fehlinformationen und Konflikten führen. Dies kann wiederum zu einem Gefühl der Isolation oder des „Im-Dunkeln-Tappens“ führen.

3. Ungleichgewicht zwischen Beruf und Privatleben:

Wenn die Anforderungen an den Unternehmer oder die Mitarbeiter regelmäßig in die persönliche Zeit eindringen und wenig Zeit für Familie, Freunde oder Erholung bleibt, kann dies zu erheblichem Stress und Erschöpfung führen.

4. Finanzielle Unsicherheit:

Viele UnternehmerInnen sind ständig besorgt um den Cashflow, die Rentabilität und die finanzielle Stabilität ihres Unternehmens. Diese ständige Sorge um Geld – sei es für die Bezahlung von Rechnungen, Gehältern oder Investitionen – kann zu erheblichem Stress führen.

5. Entscheidungsdruck:

Als Kopf des Unternehmens liegt die Last der Entscheidungsfindung oft allein auf den Schultern des Unternehmers/der Unternehmerin. Jede Entscheidung, ob groß oder klein, kann weitreichende Auswirkungen haben, und das Bewusstsein dieser Verantwortung kann belastend sein.

Es ist wichtig zu betonen, dass Unternehmertum zwar viele Herausforderungen mit sich bringt, aber auch viele Belohnungen. Viele Unternehmer gehen in ihrer Arbeit auf, trotz der Stressoren. Dennoch ist es entscheidend, Strategien zur Stressbewältigung zu entwickeln, um ein gesundes Gleichgewicht zu halten und sowohl das Unternehmen als auch das persönliche Wohlbefinden zu fördern.

Effektive Stressbewältigungsstrategien

An dieser Stelle möchte ich ein paar Ideen zur Stressbewältigung bzw. für einen besseren Umgang mit Stress mit dir teilen. Suche dir einfach die Möglichkeiten heraus, die zu dir passen.

1. Führe eine Done-Liste:

Anstatt dich nur auf das zu konzentrieren, was noch zu tun ist, halte fest, was du bereits erledigt hast. Dies gibt dir ein gutes Gefühl und zeigt dir deine Fortschritte.

2. Stressoren analysieren und Erwartungen infrage stellen:

Erkenne, was genau den Stress auslöst und überlege, ob bestimmte Erwartungen realistisch oder selbst auferlegt sind. Manchmal setzen wir uns selbst unter Druck durch unrealistische Standards.

3. Entspannungstechniken nutzen:

Methoden wie Selbsthypnose, Meditation oder Yoga helfen dir, dich zu entspannen, den Geist zu beruhigen und dich wieder zu zentrieren.

4. Mache Sport:

Körperliche Aktivität hilft, Stresshormone abzubauen und setzt Endorphine frei, die als natürliche Schmerzmittel und Stimmungsaufheller wirken.

5. Pausen bewusst einplanen:

Selbst kurze Pausen während des Tages können helfen, den Geist zu erfrischen und die Energie wiederherzustellen.

6. Schaffe dir einen Ausgleich:

Verbringe Zeit mit Dingen, die dir Freude bereiten, sei es ein Hobby, Zeit mit Freunden oder einfach nur Entspannung.

7. Aufgaben delegieren:

Du musst nicht alles alleine machen. Teile Aufgaben auf und hole dir Unterstützung, wenn nötig.

8. Perfektionismus ablegen:

Es ist okay, nicht perfekt zu sein. Manchmal ist „gut genug" wirklich gut genug.

9. Führe ein Dankbarkeitstagebuch:

Das Festhalten von Dingen, für die du dankbar bist, kann helfen, den Fokus von dem, was fehlt oder stressig ist, auf das Positive zu lenken.

10. Suche professionelle Unterstützung:

Ein Coach oder Therapeut kann dir helfen, deine Stressoren zu identifizieren, individuelle Bewältigungsstrategien zu entwickeln und eine gesündere Perspektive auf Herausforderungen zu gewinnen.

Jeder noch so kleine Schritt zählt - lebe achtsam und baue dir täglich kleine Ruheinseln ein. Dein Wohlbefinden wird es dir danken. Darüber hinaus arbeitest du effizienter, ohne Stress!

LIFESTYLE ALS ERFOLGSBREMSE

In einer Welt, in der der Begriff „Lifestyle“ oft mit Luxus, Reisen und sozialen Medien in Verbindung gebracht wird, vergessen wir manchmal, dass unser täglicher Lebensstil - die Gewohnheiten, Routinen und Entscheidungen, die wir treffen - einen tiefgreifenden Einfluss auf unser Wunschleben und unseren Erfolg als UnternehmerIn haben kann.

Stell dir vor, du träumst von einem Leben, in dem du sowohl beruflich als auch privat erfüllt bist, in dem du als UnternehmerIn florierst und gleichzeitig genügend Zeit für dich selbst, deine Familie und deine Hobbys hast. Doch dann gibt es diesen Lifestyle, der dich zurückhält: Die nächtlichen Netflix-Marathons, die dazu führen, dass du am nächsten Tag erschöpft bist. Die ständige Erreichbarkeit durch Smartphones, die dich nie wirklich abschalten lässt. Oder die Gewohnheit, ständig in sozialen Medien zu scrollen, was oft zu Vergleichen und Selbstzweifeln führt.

Ein unausgeglichener Lebensstil kann zu Burnout, Entscheidungsmüdigkeit und mangelnder Kreativität führen. Wenn du ständig überarbeitet bist, fehlt dir die Energie und der klare Kopf, um innovative Ideen zu entwickeln oder kluge geschäftliche Entscheidungen zu treffen. Ein Lifestyle, der keinen Raum für Erholung, Weiterbildung oder Netzwerken lässt, kann dich daran hindern, als UnternehmerIn zu wachsen und dein volles Potenzial auszuschöpfen.

Aber es geht nicht nur um Arbeit. Ein unausgewogener Lebensstil kann auch verhindern, dass du dein Wunschleben außerhalb des Büros lebst. Wenn du ständig gestresst und überfordert bist, wie kannst du dann die kleinen Momente des Glücks alleine oder mit deiner Familie genießen? Wie kannst du reisen, ein neues Hobby ausprobieren oder einfach nur im Moment leben, wenn dein Lifestyle dich ständig in eine andere Richtung zieht?

Es ist wichtig zu erkennen, dass Lifestyle-Entscheidungen nicht nur kurzfristige Auswirkungen haben, sondern auch langfristige Konsequenzen für unser Wohlbefinden und unseren Erfolg. Ein Lebensstil, der Achtsamkeit, Selbstfürsorge und kontinuierliches Lernen fördert, kann uns helfen, sowohl in unserem Privatleben als auch in unserem Geschäftsleben zu florieren.

Es ist nie zu spät, deinen Lebensstil zu überdenken und Änderungen vorzunehmen, die dich deinem Wunschleben und deinen Unternehmenszielen näher bringen. Indem du bewusste Entscheidungen triffst und Prioritäten setzt, kannst du einen Lebensstil schaffen, der dich unterstützt, anstatt dich zurückhält. Es liegt in deiner Hand!

Bevor wir tiefer in das Thema einsteigen, lasse ich dich gerne daran teilhaben, welche Dinge in meinem früheren Lebensstil mich ausgebremst haben.

Persönliche Erfahrungen: Meine Hindernisse im Lifestyle

In der Vergangenheit habe ich nicht mein Wunschleben gelebt. Wie kam es dazu? Sehr lange Zeit war ich aufgrund von inneren Mustern nicht in der Lage, meine eigenen Bedürfnisse zu erkennen. Aber selbst, wenn ich sie erkannt habe, habe ich sie nicht beachtet. Verschiedene Umstände haben dazu geführt, dass ich mich lange Zeit als anders, nicht richtig und nicht gut genug empfunden habe. Was dazu führte, dass ich mich anpasste und so lebte, wie die Gesellschaft es von mir erwartet hat oder wie andere Menschen in meinem Umfeld es für richtig hielten. Dazu kam, dass ich den Großteil meines Lebens an Binge Eating litt und aus allen möglichen emotionalen Gründen zu Essen griff. Was dazu führte, dass ich mich maßlos mit Süßigkeiten und anderen ungesunden Lebensmitteln vollgestopft habe. Teilweise habe ich mich ausschließlich davon ernährt. Aufgrund dieser ungesunden Ernährung wurde ich nicht nur sehr stark übergewichtig, sondern hatte auch depressive Verstimmungen, keinen Antrieb, hatte keine Energie, fühlte mich ständig müde und kraftlos.

Kurz bevor ich mich 2012 selbstständig gemacht habe, begann ich einiges in meinem Leben zu verändern. Ich handelte immer mehr nach meinen wahren Bedürfnissen, ernährte mich gesünder und wurde dadurch wieder zufriedener und glücklicher. Meine Freundin Sonja sagte einmal zu mir: „Du hast dich in den letzten Jahren von der kleinen, ängstlichen, stark übergewichtigen, grauen Maus in eine erfolgreiche, selbstständige, glückliche und selbstbewusste Frau verwandelt.“ Und sie hat recht mit dieser Aussage. Die umfassenden Veränderungen in meinem Lebensstil haben mir dabei geholfen, immer mehr mein Wunschleben zu leben.

Die Auswirkungen des Lifestyles auf Erfolg und Lebensqualität

In unserer schnelllebigen Welt, in der sich Trends und Normen ständig ändern, spielt der Lifestyle eine entscheidende Rolle für unseren Erfolg und unsere Lebensqualität. Doch was genau bedeutet „Lifestyle"?

Lifestyle ist mehr als nur eine Modeerscheinung oder ein vorübergehender Trend. Es ist ein Spiegelbild unserer Identität, unserer Werte und unserer Überzeugungen. Es reflektiert, wie wir die Welt sehen und wie wir in ihr agieren möchten. Jede Entscheidung, die wir treffen, von der Art, wie wir uns kleiden, über die Musik, die wir hören, bis hin zu den Menschen, mit denen wir uns umgeben, ist ein Ausdruck unseres individuellen Lifestyles.

In einer Zeit, in der Informationen und Möglichkeiten nur einen Klick entfernt sind, haben wir eine beispiellose Freiheit, unseren eigenen Weg zu wählen und unseren eigenen Stil zu definieren. Dies bietet uns einerseits unzählige Möglichkeiten, kann aber andererseits auch überwältigend sein. Die ständige Bombardierung mit Bildern von „perfekten" Lebensstilen auf sozialen Medien kann den Druck erhöhen, einem bestimmten Ideal zu entsprechen. Doch es ist wichtig zu erkennen, dass ein authentischer Lifestyle nicht darin besteht, anderen nachzueifern, sondern seinen eigenen Weg zu finden.

Unsere Ernährungsgewohnheiten, unsere Freizeitaktivitäten, die Art, wie wir arbeiten und kommunizieren, all das sind Aspekte unseres Lifestyles. Ein gesunder Lebensstil kann unser Wohlbefinden steigern, während ein unausgewogener Lifestyle zu Stress und Unzufriedenheit führen kann. Daher ist es entscheidend, regelmäßig innezuhalten und zu reflektieren, ob unser aktueller Lebensstil wirklich zu unseren wahren Bedürfnissen und Zielen passt.

In einer Welt, die sich ständig weiterentwickelt, ist es auch unser Lifestyle, der sich anpassen und wachsen darf. Es geht nicht nur darum, mit der Zeit zu gehen, sondern auch darum, sich selbst treu zu bleiben und einen Lebensstil zu pflegen, der echte Zufriedenheit und Erfüllung bringt.

Letztlich ist unser Lifestyle eine fortwährende Reise, eine Entdeckung dessen, wer wir sind und wer wir sein möchten. Es ist ein Balanceakt zwischen Anpassung und Authentizität, zwischen dem, was die Welt von uns erwartet, und dem, was wir von uns selbst erwarten. Es ist unsere persönliche Geschichte, die wir jeden Tag aufs Neue schreiben.

Lebensstil ist ein fortlaufender Entwicklungsprozess. Indem du achtsam bleibst und deine Gewohnheiten immer wieder hinterfragst, kannst du ihn Schritt für Schritt optimieren.

Ein erfüllter Lebensstil gibt dir die nötige Energie, um erfolgreich zu sein. Er stärkt dich für die Herausforderungen des Alltags und unterstützt deine Leistungsfähigkeit.

Gleichzeitig sorgt er dafür, dass du nicht ausschließlich funktionierst, sondern dir auch Zeit für Erholung und Genuss gönnst. Lebensqualität ist die Basis für anhaltenden Erfolg.

Achte auch darauf, dass dein Lebensstil zu deinen Werten passt. Lebe nicht nach fremden Idealen, sondern frage dich: Was ist mir wirklich wichtig? Was macht mich langfristig zufrieden? Finde heraus, was dir Freude bereitet, und baue es in deinen Alltag ein.

Sei kreativ und habe den Mut, auch unkonventionelle Wege zu gehen. Es muss nicht immer alles perfekt durchgeplant sein. Probiere Neues aus und bleibe flexibel. Manchmal führen Umwege zum Ziel.

Gehe achtsam mit dir selbst um. Sei mitfühlend, wenn du an einem schlechten Tag die selbstgesetzten Ziele nicht erreichst. Akzeptiere, dass niemand immer funktioniert. Morgen ist ein neuer Tag mit neuen Möglichkeiten.

Pflege Beziehungen, die dich inspirieren und unterstützen. Orientiere dich an Menschen, die trotz Widrigkeiten ihren Weg erfolgreich gehen. Lass dich motivieren, statt herunterziehen.

Dein Lebensstil spiegelt deine Einstellung zum Leben und zu dir selbst wider. Indem du ihn bewusst gestaltest, nimmst du dein Schicksal in die Hand. Lebe so, dass du jeden Tag mit Freude aufstehst!

Zusammenfassend lässt sich sagen, dass unser Lifestyle eine direkte Auswirkung auf unseren Erfolg und unsere Lebensqualität hat. Es liegt in unserer Hand, bewusste Entscheidungen zu treffen und einen Lifestyle zu pflegen, der uns nicht nur kurzfristigen Erfolg, sondern auch langfristige Zufriedenheit und Lebensqualität bringt.

Lifestyle-Fallen: So verhinderst du deinen Erfolg

In deinem Lifestyle lauern zahlreiche Fallen, die deinen Weg zum Erfolg behindern können. Diese Lifestyle-Fallen sind oft unterschwellig und schleichen sich unbemerkt in unseren Alltag ein. Doch mit Bewusstsein und der richtigen Strategie können wir sie erkennen und umgehen. Hier sind einige der häufigsten Lifestyle-Fallen und wie du sie vermeiden kannst:

1. Das Vergleichsspiel

Durch soziale Medien sind wir ständig dem „perfekten" Leben anderer ausgesetzt. Dies kann zu Neid und einem Gefühl der Unzulänglichkeit führen. Es ist wichtig zu erkennen, dass jeder seine eigene Reise hat und Vergleiche oft trügerisch sind. Konzentriere dich auf deinen eigenen Weg und feiere deine individuellen Erfolge. Erinnere dich daran, dass die sozialen Medien oft nur die Höhepunkte des Lebens anderer zeigen und nicht die täglichen Kämpfe und Herausforderungen.

2. Die Konsumfalle

In einer konsumorientierten Gesellschaft kann es leicht passieren, dass wir unseren Wert anhand von Besitztümern messen. Doch wahrer Erfolg und Zufriedenheit kommen nicht von materiellen Dingen. Lerne, zwischen Bedürfnissen und Wünschen zu unterscheiden und investiere in Erfahrungen statt in Dinge. Es ist nicht das neueste Smartphone oder das teuerste Auto, das uns wahre Zufriedenheit bringt, sondern die Erinnerungen und Erfahrungen, die wir sammeln.

3. Die Perfektionsfalle

Der Wunsch, alles perfekt zu machen, kann lähmend wirken. Es ist besser, Fortschritte zu machen und aus Fehlern zu lernen, als ständig nach Perfektion zu streben. Akzeptiere, dass Fehler Teil des Wachstumsprozesses sind. Perfektionismus kann uns auch daran hindern, neue Dinge auszuprobieren oder Risiken einzugehen, aus Angst, zu scheitern.

4. Die ständige Erreichbarkeit

In unserer vernetzten Welt kann es schwer sein, abzuschalten. Doch ständige Erreichbarkeit kann zu Burnout führen. Setze klare Grenzen und gönne dir regelmäßige Auszeiten von digitalen Geräten. Es ist wichtig, sich Zeit für sich selbst zu nehmen, ohne ständig von E-Mails, Nachrichten und Anrufen abgelenkt zu werden.

5. Die Falle der fehlenden Selbstfürsorge

Erfolg sollte nicht auf Kosten deiner Gesundheit oder deines Wohlbefindens gehen. Integriere Selbstfürsorge-Rituale in deinen Alltag, sei es durch Meditation, Sport oder einfach nur durch stille Momente für dich selbst. Dein Körper und Geist brauchen regelmäßige Erholung, um auf höchstem Niveau zu funktionieren.

6. Die Falle des ständigen Multitaskings

In unserer hektischen Welt versuchen viele von uns, mehrere Dinge gleichzeitig zu erledigen. Doch Studien haben gezeigt, dass Multitasking unsere Produktivität tatsächlich verringern kann. Versuche stattdessen, dich auf eine Aufgabe nach der anderen zu konzentrieren und sie vollständig abzuschließen, bevor du zur nächsten übergehst.

7. Die Falle der fehlenden Work-Life-Balance

Viele von uns verbringen so viel Zeit bei der Arbeit, dass wir kaum Zeit für uns selbst oder unsere Lieben haben. Es ist wichtig, ein Gleichgewicht zwischen Arbeit und Freizeit zu finden, um Burnout zu vermeiden und ein erfülltes Leben zu führen.

8. Die Falle der fehlenden Zielsetzung

Ohne klare Ziele und Visionen treiben wir oft ziellos umher und lassen uns von den Umständen treiben. Setze dir klare, messbare Ziele und arbeite täglich daran, sie zu erreichen.

9. Die Falle der Ablenkung

In unserer digitalen Welt gibt es unzählige Ablenkungen, die uns davon abhalten können, uns auf das Wesentliche zu konzentrieren. Lerne, diese Ablenkungen zu minimieren und dich auf das zu konzentrieren, was wirklich wichtig ist.

Um diesen Lifestyle-Fallen zu entkommen, ist es entscheidend, sich regelmäßig Zeit für Selbstreflexion zu nehmen. Frage dich, was du wirklich im Leben willst und ob deine aktuellen Gewohnheiten und Entscheidungen dich diesem Ziel näherbringen. Mit Bewusstsein, Entschlossenheit und der richtigen Einstellung kannst du diese Fallen umgehen und einen Lifestyle schaffen, der deinen wahren Erfolg widerspiegelt. Es ist ein ständiger Prozess des Lernens und Wachsens, aber mit der richtigen Einstellung und den richtigen

Werkzeugen kannst du die Lifestyle-Fallen überwinden und ein erfülltes, erfolgreiches Leben führen.

Lifestyle Upgrade: Dein Weg zur Bestform

Was macht einen Lebensstil eigentlich „gesund" und wie fördert er deinen Erfolg? Hier einige zentrale Faktoren, die dich darin unterstützen, deinem Wunschleben immer näherzukommen.

Schlaf und Erholung

Ausreichender Schlaf und Erholung sind essenziell für die körperliche und geistige Regeneration. Ein ausgeruhter Geist ist produktiver, kreativer und kann besser mit Stress umgehen. Ein regelmäßiger Schlafzyklus verbessert zudem die Konzentration und das allgemeine Wohlbefinden. Achte auf mindestens 7-8 Stunden Schlaf pro Nacht.

Bewegung und Sport

Regelmäßige körperliche Aktivität stärkt nicht nur den Körper, sondern auch den Geist. Sie fördert die Durchblutung, steigert die Energie und hilft, Stress abzubauen. Sportliche Betätigung kann zudem das Selbstwertgefühl steigern und zu einem positiven Selbstbild beitragen. Plane 3-4 Mal pro Woche moderaten Sport ein.

Gesunde Ernährung

Eine ausgewogene Ernährung versorgt den Körper mit den notwendigen Nährstoffen, die er für optimale Leistung benötigt. Sie unterstützt das Immunsystem, fördert die geistige Klarheit und steigert das allgemeine Wohlbefinden. Achte auf viel Obst, Gemüse, hochwertige Proteine und gesunde Fette. Meide Zucker und Fast Food.

Soziale Kontakte

Menschen sind soziale Wesen. Regelmäßige Kontakte und Verbindungen zu anderen können das Gefühl von Zugehörigkeit und Akzeptanz fördern. Sie bieten emotionale Unterstützung und können helfen, Stress und Einsamkeit zu reduzieren. Pflege deine Freundschaften und Familie aktiv.

Digitales Detox

Eine Pause von digitalen Geräten kann helfen, den Geist zu klären und die Konzentration zu steigern. Es fördert die physische und mentale Präsenz im „Hier und Jetzt" und kann die Qualität zwischenmenschlicher Beziehungen verbessern. Erlaube dir bewusst handyfreie Zeiten.

Work-Life-Balance

Ein ausgewogenes Verhältnis zwischen Arbeit und Freizeit verhindert Burnout und fördert die Zufriedenheit in beiden Bereichen. Es ermöglicht, sich Zeit für sich selbst, Familie und Hobbys zu nehmen, was zu einem erfüllteren Leben führt. Achte auf feste Feierabende und arbeite nicht an Wochenenden.

Positives Mindset

Ein optimistischer Blick auf das Leben kann Herausforderungen in Chancen verwandeln. Es fördert die Resilienz, steigert die Motivation und kann zu besseren Entscheidungen und Ergebnissen führen. Sei dankbar, visualisiere Erfolge und stärke dein Selbstvertrauen.

Selbstfürsorge

Sich Zeit für sich selbst zu nehmen und auf die eigenen Bedürfnisse zu achten, ist entscheidend für das allgemeine Wohlbefinden. Es stärkt das Selbstwertgefühl, reduziert Stress und fördert die geistige und körperliche Gesundheit. Gönn dir regelmäßig Auszeiten nur für dich.

Weiterentwicklung

Ständiges Lernen und Wachsen hält den Geist aktiv und neugierig. Es fördert die Anpassungsfähigkeit, öffnet neue Perspektiven und Möglichkeiten und führt zu einem erfüllteren und erfolgreichen Leben. Sei offen für Neues und besuche Seminare oder Workshops.

Nachhaltigkeit

Wer auf Nachhaltigkeit in seinem Leben achtet, ob in Bezug auf Umwelt, soziale Beziehungen oder Finanzen, legt den Grundstein für langfristigen Erfolg. Es geht nicht nur darum, kurzfristige Ziele zu erreichen, sondern auch darum, für die Zukunft zu planen und einen positiven Einfluss auf die Welt um uns herum zu haben.

Flexibilität

In einer sich ständig verändernden Welt ist es wichtig, anpassungsfähig zu sein. Wer bereit ist, Neues zu lernen, sich weiterzuentwickeln und Veränderungen zu akzeptieren, wird sowohl im Berufsleben als auch im Privatleben erfolgreicher sein. Sei offen für andere Ansichten und Wege.

Authentizität

Erfolg und Lebensqualität hängen nicht nur davon ab, was wir tun, sondern auch davon, wie authentisch wir dabei sind. Wenn wir uns selbst treu bleiben, unsere Werte leben und uns nicht verstellen, führt das zu wahrer Zufriedenheit und letztlich auch zu wahrem Erfolg. Bleib dir selbst treu.

Dankbarkeit

Wer jeden Tag bewusst wahrnimmt und wertschätzt, was er hat, kann Stress reduzieren und die Lebenszufriedenheit steigern. Dankbarkeit lässt uns das Positive sehen und fördert die Gesundheit. Halte täglich drei Dinge fest, für die du dankbar bist.

Lebensfreude

Indem wir bewusst jeden Tag kleine Freuden zulassen und wertschätzen - sei es ein gutes Essen, Zeit in der Natur oder Lachen mit Freunden - kommen wir in eine positive Grundstimmung, die Erfolg begünstigt. Genieße aktiv die schönen Dinge des Lebens.

Mit diesen Bausteinen lässt sich Schritt für Schritt ein Erfolg fördernder Lebensstil aufbauen, der Körper, Geist und Seele nährt. Mit jedem Schritt kommst du deinem Wunschleben näher. Fang noch heute damit an!

Lifestyle Upgrade: Dein Weg zur Bestform

Ein erfülltes Leben zu führen, bedeutet mehr als nur beruflichen Erfolg zu haben. Es geht um ein ganzheitliches Wohlbefinden, das sich aus verschiedenen Lebensbereichen zusammensetzt. Ein Lifestyle Upgrade kann dir helfen, deine Bestform zu erreichen – körperlich, geistig und emotional.

Suche dir zunächst die Punkte heraus, die du in deinem Leben verändern möchtest. Überlege, in welchen Bereichen du unzufrieden bist oder Verbesserungspotenzial siehst.

Möchtest du gesünder leben, dich mehr bewegen, ausgewogener ernähren? Brauchst du mehr Ausgleich zum stressigen Alltag? Willst du neue Hobbys ausprobieren und deinen Horizont erweitern? Schreibe deine Ziele auf und setze Prioritäten. Konzentriere dich zuerst auf ein oder zwei Kernbereiche.

Hier sind einige Anregungen für Veränderungen, die dir auf dem Weg zur Bestform helfen können:

Schlaf und Erholung

- Lege eine feste Schlafenszeit fest und halte dich konsequent daran, auch am Wochenende. Das gibt deinem Körper Sicherheit und Struktur.

- Baue eine Schlafroutine auf, mit entspannenden Aktivitäten wie Lesen oder leichtem Yoga.

- Investiere in hochwertige Bettwäsche aus Naturfasern. Das kuschelige Gefühl hilft beim Einschlafen.

- Meide vor dem Zubettgehen aufregende Medien und stattdessen beruhigende Podcasts oder Musik.

Bewegung und Sport

- Suche dir idealerweise eine Sportart oder Bewegungsform, die dir langfristig Spaß macht. Das hilft, motiviert zu bleiben.

- Setze dir realistische Ziele, z. B. zwei bis dreimal die Woche für je 30 Minuten trainieren.

- Belohne dich, wenn du deine Ziele erreicht hast, z. B. mit einem Wellnesstag oder neuer Sportkleidung.

Gesunde Ernährung

- Iss bewusst und reduziere Ablenkungen wie Fernsehen beim Essen. So genießt du das Essen mehr.

- Experimentiere mit neuen gesunden Rezepten und teile sie mit Freunden.

- Plane deine Mahlzeiten vor und habe immer gesunde Snacks wie Gemüse, Nüssen, Eier, Käse griffbereit.

Soziale Kontakte

- Vereinbare regelmäßige Telefonate oder Videochats mit entfernten Freunden. Pflege die Freundschaften.

- Organisiere beispielsweise ein monatliches gemeinsames Koch-Event.
- Melde dich ehrenamtlich und engagiere dich so für andere Menschen.

Digitales Detox

- Lege handyfreie Zeiten fest, z. B. beim Essen oder eine Stunde vor dem Schlafengehen.
- Plane bewusst Auszeiten von sozialen Medien ein, z. B. einen Tag pro Woche.
- Entdecke offline Hobbys wieder, die dir Freude machen, wie Malen oder Briefe schreiben.

Work-Life-Balance

- Lege klare Feierabendzeiten fest und schalte dann wirklich ab. Das signalisiert deinem Gehirn: Der Arbeitstag ist beendet.
- Plane Ausgleich ein wie Spaziergänge, Yoga, Me Time oder Quality Time mit der Familie.
- Überprüfe regelmäßig, ob dein Verhältnis zwischen Arbeit und Freizeit stimmig ist.

Positives Mindset

- Schreibe jeden Abend drei Dinge auf, für die du dankbar bist. Das sorgt dafür, dass du dich mehr auf das Positive in deinem Leben konzentrierst und steigert die Zufriedenheit.

- Visualisiere beim Einschlafen, wie du bereits deine Ziele erreicht hast. Das programmiert dein Unterbewusstsein.

- Suche dir Vorbilder, deren Lebensstil und Denkweise dir gefällt.

Selbstfürsorge

- Plane regelmäßig kleine Belohnungen und Auszeiten ein, z. B. ein entspannendes Bad oder Massage.

- Iss, wenn du Hunger hast und hör auf zu essen, wenn du satt bist. Iss bewusst und genussvoll.

- Sei freundlich zu dir selbst. Behandle dich mit der gleichen Fürsorge wie einen guten Freund.

Weiterentwicklung

- Lies Bücher oder höre Podcasts zu Themen, die dich interessieren und weiterbringen.

- Besuche inspirierende Veranstaltungen wie Vorträge oder Workshops. Umgib dich mit Menschen, die so sind, wie du in Zukunft sein möchtest.

- Setze dir vierteljährlich neue Ziele und reflektiere deine Fortschritte.

Hier ist ein möglicher Aktionsplan, der dich Schritt für Schritt bei der Umsetzung unterstützt.

Woche 1-4: Analyse und Ziele definieren

- Analysiere deinen Ist-Zustand und frage dich, was du verändern möchtest.
- Setze dir spezifische, messbare Ziele in den gewünschten Lebensbereichen.
- Dokumentiere deine Ausgangssituation, z. B. in einem Tagebuch.

Woche 5-8: Neue Routinen aufbauen

- Führe Schritt für Schritt neue Routinen ein, z. B. für Bewegung und Ernährung.
- Belohne dich für die Einhaltung, um dich zu motivieren.
- Teile deine Ziele mit anderen, die dich unterstützen können.
- Suche dir jemanden mit ähnlichen Zielen und macht eine Challenge daraus.

Woche 9-12: Integration und Optimierung

- Überprüfe nach 2-3 Monaten, ob die neuen Routinen zur Routine geworden sind.
- Passe sie gegebenenfalls an, um sie noch besser in deinen Alltag zu integrieren.
- Suche dir gegebenenfalls externe Unterstützung wie einen Coach.

Woche 13-16: Weiterentwicklung und Reflexion

- Baue auf dem Erreichten auf und stecke dir neue Ziele. Vermeide Stillstand!
- Reflektiere regelmäßig: Was läuft gut, wo gibt es noch Luft nach oben?
- Feiere deine Erfolge und hab Geduld mit Rückschlägen. Bleib dran!

Dein Lifestyle Upgrade ist ein fortlaufender Prozess, kein schneller Sprint. Mit Geduld und Beharrlichkeit wirst du Schritt für Schritt deiner persönlichen Bestform näherkommen und immer mehr dein Wunschleben leben.

Viel Erfolg auf deinem Weg!

NEUE HÖHENFLÜGE: DEIN BUSINESS AUF DER ÜBERHOLSPUR

ErfolgsBremsen Check: Was bremst dich aus?

Im ersten Schritt geht es darum, die Erfolgsbremsen zu entdecken, die dich bislang ausgebremst haben. Oft sind diese hinderlichen Überzeugungen und Verhaltensmuster so tief in uns verankert, dass wir sie gar nicht bewusst wahrnehmen. Deshalb ist es wichtig, gezielt in sich hineinzuhorchen.

Eine Möglichkeit, um deine ErfolgsBremsen zu erkennen, ist folgende.

Nimm bitte Zettel und Stift zur Hand und notiere die Dinge, die dir spontan in den Sinn kommen, wenn du über folgende Fragen nachdenkst, die dir helfen können, deine persönlichen Erfolgsbremsen zu erkennen:

- Was hält mich davon ab, mein volles Potenzial zu entfalten?
- Welche Ängste, Zweifel oder Sorgen tauchen auf, wenn ich an mein Business denke?

- Vermeide ich es manchmal, wichtige Aufgaben anzugehen? Wenn ja, warum?

- Gibt es Situationen, in denen ich mich selbst sabotiere oder aufschiebe?

- Habe ich schon einmal eine große Chance nicht wahrgenommen? Falls ja, aus welchem Grund?

- Welche negativen Glaubenssätze oder Selbstzweifel schwirren in meinem Kopf herum?

Nimm dir Zeit, um diese Fragen in Ruhe für dich zu beantworten und ehrlich zu dir selbst zu sein. Oftmals sind die Antworten überraschend und geben dir wertvolle Hinweise auf deine ganz persönlichen Erfolgsbremsen.

Das Führen eines Tagebuchs ist eine starke Methode, um ErfolgsBremsen aufzuspüren, sich selbst besser zu verstehen und persönliches Wachstum zu fördern. Wenn du dich auf das Schreiben über deine inneren Blockaden konzentrierst, kannst du anfangen, Muster in deinem Denken und Verhalten zu erkennen, die dich zurückhalten. Hier findest du eine Beschreibung, wie du das Journal effektiv nutzen kannst. Du kannst auch mehrere Tage für einen bestimmten Punkt nutzen, bevor du weitergehst. Mache es so, wie es für dich gut anfühlt.

Tag 1: Bewusstsein schaffen

Beginne damit, deine Gedanken und Gefühle frei zu Papier zu bringen. Was beschäftigt dich? Was löst Unbehagen aus? Versuche, ohne nachzudenken, alles aufzuschreiben, was dir in den Sinn kommt.

Tag 2: Erkennen von Mustern

Sieh dir an, was du am ersten Tag geschrieben hast. Gibt es wiederkehrende Themen? Notiere, welche Situationen oder Gedanken regelmäßig als Blockaden auftauchen.

Tag 3: Ursachenforschung

Versuche, zu ergründen, woher diese Blockaden kommen. Gab es in der Vergangenheit Ereignisse, die diese Gefühle oder Überzeugungen geprägt haben könnten?

Tag 4: Emotionen zulassen

Erlaube dir, die Emotionen, die mit diesen Blockaden verbunden sind, zu fühlen. Schreibe auf, wie sich diese Emotionen körperlich und geistig zeigen. Durch das tägliche Journal führen, schaffst du eine Basis für Selbstreflexion und Selbsterkenntnis. Es ermöglicht dir, deine Gedanken und Gefühle zu ordnen und aktiv an deiner persönlichen Entwicklung zu arbeiten. Mit der Zeit wirst du feststellen, dass du besser in der Lage bist, deine Blockaden zu verstehen und Strategien zu entwickeln, um sie zu überwinden.

Weitere Ideen, wie du herausfindest, was deinen Erfolg verhindert

Brainstorming mit dir selbst

Nimm dir für diese Übung bitte mindestens 30 Minuten Zeit. Setze dich mit deinem Handy an einen ruhigen Ort. Atme tief durch, schließe die Augen und stelle dir innerlich die Frage: Was hindert mich daran, erfolgreicher zu sein?

Aktiviere das Diktiergerät deines Smartphones und nimm deine Gedanken damit auf.

Selbstreflexion

Nimm dir einige Minuten Zeit, zieh dich an einen ruhigen Ort zurück und gehe gedanklich einen typischen Tag einmal durch. Wo hast du dich im Tagesverlauf selbst ausgebremst? Notiere die Punkte, die spontan auftauchen.

Feedback von anderen

Frag Menschen, die dich gut kennen und denen du vertraust, welche Verhaltensmuster sie bei dir immer wieder beobachten, mit denen du dir selbst im Weg stehst. Frage sie, ob ihnen aufgefallen ist, dass du unbewusst Glaubenssätze äußerst, die darauf hindeuten, dass du dich selbst ausbremst.

Coaching

Bearbeite das Thema gemeinsam mit einem Coach. Die Begleitung durch einen Coach ist für Menschen aus mehreren Gründen wertvoll. Ein Coach bietet neue Perspektiven und hilft, blinde Flecken aufzudecken. Er betrachtet dich und deine Themen neutral und sieht dadurch Dinge, die du selbst nicht wahrnimmst.

Probiere diese Methoden aus und kombiniere sie, um ein möglichst umfassendes Bild deiner Erfolgsbremsen zu bekommen. Je klarer dir deine persönlichen Hindernisse bewusst sind, desto leichter lassen sie sich auflösen.

Wichtig: Sei freundlich zu dir selbst bei der Analyse. Erfolgsbremsen sind tief verankerte Überzeugungen, keine Charakterschwächen. Mit dem richtigen Mindset und Strategien lassen sie sich überwinden!

ErfolgsBremsen lösen: Dein Fahrschein in dein Wunschleben

Sobald du deine Erfolgsbremsen identifiziert hast, geht es im nächsten Schritt darum, sie nach und nach aufzulösen. Dies erfordert einen strukturierten Prozess und auch etwas Geduld mit dir selbst. Aber es lohnt sich - denn ohne diese Bremsklötze kannst du durchstarten und dein Business auf ein neues Level bringen!

Hier sind 8 effektive Strategien, um deine inneren Blockaden nachhaltig zu lösen:

Hinterfrage deine Annahmen

Viele Erfolgsbremsen basieren auf nicht hinterfragten, negativen Annahmen über uns selbst und die Welt. Hinterfrage diese kritisch: Stimmen sie überhaupt? Oder basieren sie nur auf Ängsten?

Finde einen positiven Ersatz-Glaubenssatz

Anstatt „Ich schaffe das nie“ kannst du dir z. B. sagen „Ich lerne jeden Tag dazu und entwickle mich weiter“. Diese neuen, positiven Sätze programmieren dein Mindset um.

Visualisiere den Erfolg

Stell dir regelmäßig bildhaft vor, wie du dein Ziel bereits erreicht hast. Dein Unterbewusstsein nimmt diese Bilder auf und wird sie Wirklichkeit werden lassen.

Belohne dich für kleine Erfolge

Erfolge zeigen dir, dass du es schaffen kannst! Belohne dich deswegen für jeden noch so kleinen Erfolg, um neue positive Glaubensmuster zu verankern.

Hole dir professionelle Unterstützung

Manchmal braucht es Hilfe von außen, um tief verwurzelte Blockaden aufzulösen. Coaches, Therapeuten oder Mentoren können dich gezielt begleiten. Sie unterstützen bei der Zielsetzung und strukturieren diese. Das fördert die Verantwortlichkeit, um sicherzustellen, dass gesetzte Ziele auch erreicht werden. Sie können Techniken für das Stressmanagement vermitteln, die das Wohlbefinden verbessern und Burnout vorbeugen. Darüber hinaus helfen sie, eine gesunde Work-Life-Balance zu finden und unterstützen bei der Anpassung an Veränderungen, um den Erfolg nachhaltig zu gestalten. Kurzum, Unterstützung von außen kann ein entscheidender Faktor sein, um nicht nur Erfolg zu haben, sondern diesen auch langfristig zu erhalten und auszubauen.

Entwickele Alternativen

Denke über alternative Gedanken und Verhaltensweisen nach, die du annehmen könntest. Wie würdest du handeln, wenn du keine ErfolgsBremsen hättest?

Plane kleine Schritte

Setze dir kleine, erreichbare Ziele, um diese Blockaden zu überwinden. Was kannst du morgen anders machen? Schreibe konkrete Möglichkeiten auf.

Reflexion und Dankbarkeit

Reflektiere über die Erkenntnisse, die du gewonnen hast. Sei dankbar für den Mut und die Offenheit, dich diesen Herausforderungen zu stellen.

Betrachte diese Kapitel als deine Einladung, die Erfolgsbremsen zu lösen und mit voller Fahrt in ein Leben einzutauchen, das von dir gestaltet wird – ein Leben, das deine tiefsten Wünsche widerspiegelt und in dem du deine Bestform erreichst. Es ist Zeit, die Bremse zu lösen und das Gaspedal deines Lebens zu betätigen. Auf zu neuen Höhenflügen!

DAS ERFOLGSBREMSENLÖSER KONZEPT ALS GAMECHANGER

Das ErfolgsBremsenLöser Konzept ist die Eintrittskarte in dein Wunschleben, in dem du deine Ziele, Wünsche und Träume immer mehr umsetzen kannst. Der ganzheitliche Ansatz möchte dich dabei unterstützen, in den von dir gewünschten Lebensbereichen – sei es im Business, bei persönlichen Wünschen oder Gesundheitszielen – erfolgreicher zu sein und dich deinem Wunschleben näherzubringen. Das Konzept ist nicht nur eine Methode oder ein Werkzeug, es ist eine Reise zu dir selbst, eine Entdeckungstour, auf der du lernst, deine inneren Ressourcen zu aktivieren und zu nutzen. Es ist ein Versprechen an dich selbst, nicht länger in alten Mustern zu verharren, sondern aktiv die Weichen für ein erfülltes und erfolgreiches Leben zu stellen. Mit jedem Schritt, den du gehst, mit jeder ErfolgsBremse, die du löst, wirst du feststellen, dass das, was du dir erträumst, in greifbare Nähe rückt.

Was ist das für ein Konzept?

Stell dir vor, du könntest mentale, körperliche Hürden überwinden und deinen Lifestyle so anpassen, dass es dir viel leichter fällt deine Ziele zu erreichen. Genau das ermöglicht dir das ErfolgsBremsenLöser Konzept. Es kombiniert Hypnose für die mentale Veränderung mit Unterstützungen für mehr körperliche Gesundheit und einem gesünderen Lifestyle.

Das ErfolgsBremsenLöser Konzept ist eine Zusammensetzung aus bewährten Methoden und innovativen Ansätzen, die darauf abzielen, dich in deiner Gesamtheit zu sehen und zu fördern. Es ist ein maßgeschneidertes Programm, das darauf ausgerichtet ist, deine individuellen Bedürfnisse und Ziele zu erkennen und zu berücksichtigen. Es gibt dir die Werkzeuge an die Hand, die du benötigst, um die Kontrolle über dein Leben zu übernehmen und die Veränderungen herbeizuführen, die dich deinem Ideal näherbringen.

Hypnose: dein mentaler Turbo

Die Hypnose ist das Herzstück des ErfolgsBremsenLöser Konzepts. Sie ist wie ein Schlüssel, der die Tür zu deinem Unterbewusstsein öffnet – einem Ort, an dem tiefgreifende Veränderungen ihren Anfang beginnen. Hypnose ermöglicht es dir, Unterstützung von deinem inneren besten Freund, deinem Unterbewusstsein zu bekommen. Sie ist eine Brücke zwischen deinem bewussten Wunsch nach Veränderung und den unbewussten Blockaden, die dich davon abhalten, diese Wünsche in die Realität umzusetzen. Mit gezielten Techniken und einer professionellen Begleitung kannst du lernen, diese Blockaden nicht nur zu erkennen, sondern sie auch aufzulösen und durch förderliche Glaubenssätze und Handlungsweisen zu ersetzen. So wird Hypnose zum Veränderungsturbo auf deinem Weg zu einem selbstbestimmten Leben.

Was genau ist Hypnose eigentlich?

Hypnose ist weit mehr als nur ein Zustand der Entspannung – es ist eine Technik, die es dir ermöglicht, in den Dialog mit deinem Unterbewusstsein zu gehen. Das Unterbewusstsein ist ein riesiger Datenspeicher, in dem von deiner Geburt bis heute jede Erfahrung, Erinnerung, alle Glaubenssätze und Verhaltensmuster abgelegt sind. Dadurch können wir während einer Hypnose auf unsere gesamte Vergangenheit zurückgreifen und die Dinge verändern, die nötig sind, damit du deinem Wunschleben immer näherkommst.

In diesem Zustand der erhöhten Suggestibilität ist es möglich, Veränderungen auf einer tieferen Ebene anzustoßen, die weit über das hinausgehen, was im normalen Bewusstseinszustand erreichbar ist. So können neue, positive Glaubenssätze und Verhaltensweisen direkt ins Unterbewusstsein einfließen. Es ist ein Zustand, in dem Heilung und Wachstum nicht nur vorgestellt, sondern real erlebt werden können. Durch die Hypnose kannst du lernen, deine Gedanken und Gefühle so zu steuern, dass sie dich unterstützen und stärken, anstatt dich zu behindern. Sie ist ein Wegweiser, der dir zeigt, wie du deine eigenen mentalen Barrieren überwinden und ein Leben voller Möglichkeiten entfalten kannst.

Im Hypnose-Trancezustand ist dein Bewusstsein ruhig und fokussiert. Dieser Zustand fühlt sich angenehm und entspannend an. Du bist wach, kannst dadurch aktiv an deinem Veränderungsprozess mitarbeiten und dich bewusst entscheiden, ob du die gegebenen Suggestionen annimmst oder nicht. Die Hypnose wirkt also nicht gegen deinen eigenen Willen, sondern nutzt deine eigenen inneren Kräfte, um Veränderungen anzustoßen. Sie kann unter anderem Ängste abbauen, Blockaden lösen, Selbstvertrauen stärken - und dich so auf deinem individuellen Weg beim Erreichen deiner Ziele unterstützen.

Eine Hypnose-Sitzung ist ein individueller Prozess, der dir helfen möchte, tiefgreifende Veränderungen in deinem Leben zu erreichen.

Vorgespräch

Dies ist der Grundstein für eine erfolgreiche Hypnose-Sitzung. In dieser Phase wird eine vertrauensvolle Beziehung zwischen dir und der Hypnotiseurin/dem Hypnotiseur aufgebaut. Ihr werdet über deine Erwartungen, Hoffnungen und Bedenken sprechen. Dies hilft, die Sitzung auf deine individuellen Bedürfnisse abzustimmen.

Induktion

Die Einleitung in die Hypnose ist wie das sanfte Schließen einer Tür zur Außenwelt und öffnet die Tür zum Unterbewusstsein. Verschiedene Techniken wie Atemübungen, Zählen oder Visualisierungen helfen dir, den Alltagsstress hinter dir zu lassen und dich auf die innere Reise vorzubereiten.

Vertiefung

In dieser Phase begibst du dich in einen noch tieferen Entspannungszustand. Es ist, als würdest du Stufe für Stufe eine Treppe hinabsteigen, die dich an einen inneren Ort bringt, wo du dich sicher und geborgen fühlst.

Analyse

Gemeinsam mit deiner Hypnotiseurin/deinem Hypnotiseur erkundest du dein Unterbewusstsein. Ihr findet die verborgenen Ursachen deiner Herausforderungen und arbeitet daran, sie zu verstehen und zu verändern.

Suggestionen

Jetzt werden positive und stärkende Botschaften in dein Unterbewusstsein gebracht. Diese Suggestionen sind wie Samen, die mit der Zeit zu kraftvollen Überzeugungen heranwachsen können.

Übung für zu Hause

Um den Prozess selber zu unterstützen, erhältst du maßgeschneiderte Übungen, die wie tägliches Training auf dein Unterbewusstsein wirken. Sie helfen dir, die Veränderungen zu festigen und weiterzuentwickeln.

Beenden der Trance

Wie das sanfte Erwachen aus einem erholsamen Schlaf wirst du zurück in das Alltagsbewusstsein geführt. Du fühlst dich erfrischt, gestärkt und bereit, die Veränderungen in deinem Leben zu integrieren.

Nachgespräch

Dies ist eine Zeit der Reflexion. Du kannst deine Erfahrungen teilen, Feedback erhalten und weitere Schritte besprechen. Es ist auch ein Moment, in dem du dich bewusst wieder mit deinem Alltag verbindest, gestärkt durch die Erfahrungen der Sitzung. Eine Hypnose-Sitzung ist eine Reise, die zwar in einem geschützten Raum beginnt, aber ihre Wirkung in alle Bereiche deines Lebens ausstrahlen kann. Mit jeder Sitzung kannst du tiefer in deine persönliche Entwicklung eintauchen und die Veränderungen erleben, die du dir wünschst.

Online-Hypnose: ist sie sicher und funktioniert sie ebenso gut, wie Hypnose vor Ort?

Ja, Online-Hypnose ist sicher und genauso effektiv wie eine Sitzung vor Ort. Die moderne Technologie ermöglicht es dir, in deiner gewohnten Umgebung zu bleiben, was zusätzliche Entspannung fördern kann. Du erhältst dieselbe individuelle Betreuung und kannst dich voll und ganz auf den Prozess einlassen, ohne dich um Anfahrtswege oder äußere Störungen zu sorgen. Online-Hypnose bietet eine flexible und zugängliche Alternative zur Hypnose vor Ort und hat sich als wertvolles Werkzeug für viele erwiesen, die Unterstützung suchen.

Bei einer Online-Hypnose findet die Zusammenarbeit per Videocall statt. Der Ablauf ist identisch wie bei einer persönlichen Sitzung. Die Vorteile sind, dass du keine Anfahrt hast, die Übernachtungskosten wegfallen und du von überall teilnehmen kannst. Im Folgenden gehe ich auf einige wichtige Fragen ein, die mir immer wieder im Zusammenhang mit Online-Hypnose gestellt wurden:

Auswahl der Hypnotiseurin / des Hypnotiseurs

Online-Hypnose ist genauso sicher und effektiv wie vor Ort, solange die Hypnotiseurin / der Hypnotiseur sie qualifiziert durchführt. Achte auf eine vertrauenswürdige Homepage, Zertifizierungen, Bewertungen, Empfehlungen und dein Bauchgefühl bei der Auswahl. Führe am besten ein telefonisches oder persönliches Vorgespräch, um zu prüfen, ob die Chemie zwischen euch passt.

Datenschutz und Vertraulichkeit

Genau wie bei persönlichen Sitzungen werden Online-Hypnose-Sitzungen mit höchster Vertraulichkeit und unter Einhaltung strenger Datenschutzrichtlinien durchgeführt. Sichere Videokonferenz-Tools mit Ende-zu-Ende-Verschlüsselung sorgen dafür, dass deine Privatsphäre geschützt ist.

Technische Anforderungen

Um eine erfolgreiche Online-Hypnose-Sitzung zu gewährleisten, benötigst du lediglich eine stabile Internetverbindung, ein ruhiges Umfeld und ein Gerät mit Kamera und Mikrofon. Vor der Sitzung wird oft ein Technik-Check durchgeführt, um sicherzustellen, dass alles reibungslos funktioniert.

Persönliche Anpassung

Die Hypnose-Sitzungen werden auf deine persönlichen Bedürfnisse zugeschnitten, unabhängig davon, ob sie online oder persönlich stattfinden. Der Hypnotiseur oder die Hypnotiseurin wird vorab mit dir deine Ziele besprechen und die Sitzung entsprechend anpassen.

Notfallplan

Professionelle HypnotiseurInnen stellen sicher, dass bei Online-Sitzungen Notfallplan vorhanden sind. Sollte die Verbindung abbrechen oder ein anderes technisches Problem auftreten, gibt es klare Anweisungen, wie weiter verfahren wird.

Nachbetreuung

Auch nach einer Online-Hypnose-Sitzung steht dir dein Hypnotiseur oder deine Hypnotiseurin für Fragen und weitere Unterstützung zur Verfügung. Du kannst Feedback geben und erhältst oft zusätzliche Ressourcen oder Übungen für zu Hause.

Online-Hypnose ist eine effektive Methode, um Menschen zu erreichen, die entweder zu weit entfernt sind, um persönliche Sitzungen zu besuchen, oder die die Bequemlichkeit und Flexibilität bevorzugen, die Online-Sitzungen bieten. Mit der richtigen Vorbereitung und einem qualifizierten Hypnotiseur oder Hypnotiseurin an deiner Seite kannst du die gleichen tiefgreifenden Veränderungen erleben, wie du es bei einer Sitzung vor Ort tun würdest.

Warum du mit Hypnose effizienter zum Ziel kommst

Hypnose ist wie ein mentaler Turbo, der dich schneller an dein Ziel bringt. Sie hilft dir, die unbewussten Blockaden zu erkennen und zu lösen, die dich bisher unbemerkt ausgebremst haben. Mit Hypnose kannst du deine inneren Ressourcen aktivieren, die für die Erreichung deiner Ziele notwendig sind. Du wirst feststellen, dass du mit weniger Anstrengung und in kurzer Zeit mehr erreichen kannst, weil du im Einklang mit deinem Unterbewusstsein handelst.

Hypnose ist nicht nur ein mentaler Turbo, sie ist auch ein Werkzeug der Selbstermächtigung. Sie ermöglicht es dir, tief in dich selbst einzutauchen und die Weisheit und Kraft zu entdecken, die bereits in dir liegt. Es ist, als würdest du die verborgenen Schätze deines Geistes heben, die dir helfen, deine Ziele mit Klarheit und Entschlossenheit zu verfolgen.

Die Vorteile der Hypnose:

- Abbau von Ängsten und Sorgen, die dich lähmen

- Auflösung von Glaubenssätzen, Grenzen und Blockaden in deinem Denken

- Stärkung deines Selbstbewusstseins und Selbstvertrauens

- Verankerung neuer, bestärkenden Glaubenssätze

- Ressourcenaktivierung für Motivation und Durchhaltevermögen

- Fokussierung deiner Gedanken auf Lösungen statt Probleme

- Rascherer Erfolg durch Nutzung deines vollen Potenzials

- Verbesserung der mentalen Klarheit und Konzentration, was dir hilft, Entscheidungen zu treffen, die deine Zukunft positiv beeinflussen.

- Steigerung der kreativen Problemlösungsfähigkeiten, sodass du innovative Wege finden kannst, um Herausforderungen zu meistern.

- Verbesserung der Schlafqualität, was essenziell ist, um tagsüber optimal zu funktionieren und deine Ziele zu erreichen.

- Bessere emotionalen Ausgeglichenheit, wodurch du besser mit Stress umgehen und ein ausgeglicheneres Leben führen kannst.

- Förderung gesunder Gewohnheiten, die dir helfen, körperlich fit zu bleiben und einen Lebensstil zu pflegen, der deine Ambitionen unterstützt.

Mit jedem Schritt, den du mit der Unterstützung der Hypnose gehst, wirst du merken, wie sich die Qualität deines Lebens verbessert. Du wirst nicht nur in der Lage sein, deine Ziele zu erreichen, sondern auch den Prozess zu genießen, der dich dorthin führt. Es ist, als würdest du die Segel deines Lebensschiffs neu setzen, um mit voller Kraft voraus in Richtung deiner Träume zu segeln.

Stelle dir vor, wie es wäre, wenn du voller Energie und Motivation deinem Wunschleben immer näherkommst. Wie es wäre, wenn ein gesunder Körper, ein klarer Geist und ein optimierter Lifestyle wie Zahnräder ineinandergreifen und deine Veränderungen dadurch zügig vorantreiben.

Das ErfolgsBremsenLöser Konzept ist dein Wegbegleiter zu genau diesem Leben. Mit jedem Atemzug und jeder Sitzung wirst du dich stärker, fokussierter und mehr bereit fühlen, den Weg zu gehen, der vor dir liegt.

Bist du bereit für dein Upgrade?

DEIN KÖRPER ALS ERFOLGSFAKTOR

Auf der Reise zu persönlichem und beruflichem Erfolg wird oft ein entscheidender Faktor übersehen: dein Körper. Er ist das Fundament, auf dem du durch dein Leben gehst und der Motor, der dich vorantreibt. Um deine Ziele zu erreichen, ist es wichtig, dass dieser Motor reibungslos läuft und optimal gewartet wird. In diesem Kapitel tauchen wir in die körperlichen Aspekte ein, die deinen Erfolg beeinflussen können, und du bekommst Tipps, wie du deinen Körper zu einem Unterstützer auf deinem Weg ins Wunschleben machst.

Blutwerte sind weit mehr als nur Zahlen auf einem Laborbericht; sie sind ein Spiegel deiner inneren Gesundheit und ein Kompass, der dir den Weg zu Wohlbefinden und Leistungsfähigkeit weist. Wir werden auf einige grundlegende Blutwerte eingehen, die deinem Körper Energie und Schwung geben, wenn sie in Ordnung sind oder dich ausbremsen, wenn sie nicht in Ordnung sind.

Hormone sind Botenstoffe deiner Seele. Sie beeinflussen dein Wohlbefinden, deine Leistungsfähigkeit, deine Stimmung bis hin zu deinem Stoffwechsel. In diesem Abschnitt bekommst du grundlegende Informationen, wie die Hormone dich und dein Leben von innen heraus steuern.

Was du isst, bestimmt, wie du dich fühlst und wie du arbeitest. Ernährung ist dein täglicher Kraftstoff, der entscheidet, ob du auf der Überholspur oder am Straßenrand endest.

Hier erfährst du, was dir Kraft gibt, damit du die nötige Energie hast, deine Wünsche, Träume und Ziele zu erreichen.

Bewegung ist der Funke, der den Motor deines Körpers zündet. Regelmäßige körperliche Aktivität fördert deine Gesundheit, deine Energie und deine geistige Klarheit wird steigert. In diesem Unterkapitel erfährst du, wie du Bewegung in deinen Alltag integrieren und so deine Produktivität steigern kannst.

Mit diesen Werkzeugen ausgestattet, wirst du in der Lage sein, deinen Körper in einen Verbündeten auf deinem Weg zum Erfolg zu verwandeln. Lass uns gemeinsam diese Reise beginnen und deinen Körper zu dem machen, was er sein sollte: ein kraftvoller Erfolgsfaktor.

Blutwerte: dein innerer Kompass

Die folgenden Blutwerte sind entscheidend für die Bewertung der allgemeinen Gesundheit und des Wohlbefindens. Sie nehmen Einfluss auf deine Energie, den Antrieb, die körperliche und geistige Leistungsfähigkeit.

Natürlich gibt es noch viele weitere Werte, die wichtig sein könnten, aber ich beschränke mich hier ganz bewusst auf die wichtigsten 5.

Hämoglobin (Hb)

Hämoglobin ist ein Protein in den roten Blutkörperchen, das für den Transport von Sauerstoff von der Lunge zu den Körpergeweben und den Rücktransport von Kohlendioxid zu den Lungen verantwortlich ist.

Ein niedriger Hämoglobinwert kann auf Anämie hinweisen, die durch verschiedene Ursachen wie Eisenmangel, chronische Krankheiten, Vitaminmangel oder Knochenmarkprobleme verursacht werden kann. Symptome einer Anämie können Müdigkeit, Blässe, Kurzatmigkeit und eine reduzierte körperliche Leistungsfähigkeit sein.

Eisen

Eisen ist ein essenzielles Mineral, das für die Bildung von Hämoglobin benötigt wird. Eisenmangel ist eine häufige Ursache für Anämie, insbesondere bei Frauen im gebärfähigen Alter aufgrund von Menstruationsblutverlusten. Neben Müdigkeit können Symptome eines Eisenmangels auch Haarausfall, brüchige Nägel und eine erhöhte Anfälligkeit für Infektionen umfassen.

Ferritin

Ferritin ist ein Protein, das den Hauptteil des Eisenspeichers im Körper darstellt. Niedrige Ferritinwerte können auf einen Eisenmangel hindeuten, selbst wenn andere Blutwerte wie Hämoglobin noch im Normbereich liegen. Dieser Zustand wird als Eisenmangel ohne Anämie bezeichnet und kann bereits Symptome wie Erschöpfung und verminderte Leistungsfähigkeit verursachen.

Vitamin B12 und Folsäure

Diese beiden Vitamine sind für die Bildung von roten Blutkörperchen und für die Funktion des Nervensystems sehr wichtig. Ein Mangel an Vitamin B12 oder Folsäure kann zu ebenfalls zu einer Anämie führen. Symptome können neben Müdigkeit auch eine Beeinträchtigung der kognitiven Funktionen und, im Falle eines B12-Mangels, neurologische Symptome wie Kribbeln in den Händen und Füßen sein.

Vitamin D

Vitamin D spielt eine wesentliche Rolle für die Energie und Leistungsfähigkeit des Körpers und des Geistes.

Ein niedriger Vitamin-D-Spiegel kann zu einem Gefühl der Erschöpfung führen, das über normale Müdigkeit hinausgeht. Darüber hinaus kann ein Mangel des Vitamins zu Kopfschmerzen, Konzentrationsproblemen, Schlafstörungen, schlechten Blutzuckerwerten, einem schlechten Immunsystem und er kann zu Heißhunger führen. Es gibt Hinweise darauf, dass ein niedriger Vitamin-D-Spiegel mit einem erhöhten Risiko für die Entwicklung von Ängsten und Depressionen in Verbindung steht.

Ein Vitamin-D-Mangel ist relativ weit verbreitet, besonders in Regionen mit geringer Sonneneinstrahlung, da die Haut Vitamin D produziert, wenn wir dem Sonnenlicht ausgesetzt sind. Nutzen wir allerdings Sonnenschutzmittel, wird kein oder wesentlich weniger Vitamin D produziert. Auch Deutschland gehört zum Vitamin D Mangelgebiet.

Die Überwachung dieser Blutwerte kann helfen, potenzielle Gesundheitsprobleme frühzeitig zu erkennen und zu behandeln. Es ist wichtig, beim Verdacht auf einen Mangel oder bei entsprechenden Symptomen einen Arzt oder Heilpraktiker zu besuchen, der eine Diagnose und Behandlung einleiten kann. Alternativ kannst du dich an einen Hormoncoach wenden, der Blut- und Hormonwerte deuten und Behandlungsempfehlungen aussprechen kann.

Hormone: die heimlichen Chefs

Verschiedene Hormone spielen eine Schlüsselrolle bei der Regulierung von Leistungsfähigkeit, Konzentration und anderen Faktoren, die zum Erfolg beitragen. Hier sind einige der wichtigsten Hormone und ihre Auswirkungen:

Schilddrüsenhormone (TSH, T3 und T4)

Diese Hormone sind entscheidend für den Stoffwechsel und beeinflussen die Energieproduktion auf zellulärer Ebene. Ein ausgewogener Schilddrüsenhormonspiegel ist wichtig für die Aufrechterhaltung der Konzentration, der mentalen Klarheit und der körperlichen Leistungsfähigkeit.

Cortisol

Bekannt als das „Stresshormon", hilft Cortisol dem Körper, auf Stress zu reagieren, indem es Energie bereitstellt. Chronisch hohe Cortisolspiegel können jedoch zu Erschöpfung, Burnout, Gedächtnisproblemen und Schwierigkeiten bei der Konzentration führen.

Testosteron

Dieses Hormon ist nicht nur für die sexuelle Funktion wichtig, sondern auch für das Muskelwachstum, die Knochengesundheit und das allgemeine Wohlbefinden. Bei Männern und Frauen kann ein angemessener Testosteronspiegel die Motivation, den Antrieb und die körperliche Leistungsfähigkeit verbessern.

Östrogen

Bei Frauen kann ein ausgewogener Östrogenspiegel die Stimmung, das Energieniveau und die kognitive Funktion beeinflussen. Schwankungen können jedoch zu Stimmungsänderungen und Konzentrationsschwierigkeiten führen.

Bei Männern, die zu viel Östrogene haben, kann es unter anderem zu Beeinträchtigungen der Aufmerksamkeit, des Gedächtnisses und des Urteilsvermögens kommen.

Progesteron

Ist ein weiteres wichtiges Hormon, das vor allem im weiblichen Körper eine zentrale Rolle spielt, aber auch bei Männern in geringeren Mengen vorhanden ist. Es reduziert Ängste, steigert das allgemeine Wohlbefinden, fördert die Schlafqualität, was die Konzentrations- und Leistungsfähigkeit indirekt unterstützt. Progesteron unterstützt das Gedächtnis, kognitive Funktionen, den Energiestoffwechsel und das Energieniveau. Ist zu wenig davon vorhanden, kann genau das Gegenteil in Form von Mangelsymptomen auftreten.

Insulin

Insulin ist ein Hormon, das den Blutzuckerspiegel reguliert. Ein stabiler Blutzuckerspiegel ist wichtig für eine gleichmäßige Energieversorgung und kann die Konzentration und mentale Leistungsfähigkeit beeinflussen.

Adrenalin und Noradrenalin

Diese Hormone werden in Reaktion auf Stress oder Herausforderungen ausgeschüttet und können die Aufmerksamkeit und Reaktionsfähigkeit kurzfristig steigern. Langfristig können jedoch hohe Spiegel dieser Hormone zu Erschöpfung führen.

Dopamin

Dopamin ist ein Neurotransmitter, der für das Belohnungssystem des Gehirns wichtig ist. Es beeinflusst Motivation, Antrieb und Konzentration. Ein ausgewogener Dopaminspiegel ist entscheidend für die Aufrechterhaltung der Fokussierung und das Erreichen von Zielen.

Serotonin

Dieses Hormon trägt zur Regulierung der Stimmung bei und hat einen Einfluss auf das allgemeine Wohlbefinden. Ein angemessener Serotoninspiegel kann die Konzentrationsfähigkeit und die kognitive Funktion unterstützen.

Melatonin

Melatonin reguliert den Schlaf-Wach-Rhythmus. Ausreichender Schlaf ist entscheidend für die Erholung, Gedächtnisbildung und die Aufrechterhaltung der kognitiven Funktionen.

Diese Hormone arbeiten in einem fein abgestimmten Gleichgewicht, und Abweichungen können große Auswirkungen auf die Gesundheit und das Wohlbefinden haben. Es ist wichtig, einen gesunden Lebensstil zu pflegen, der eine ausgewogene Ernährung, regelmäßige Bewegung, ausreichend Schlaf und Stressmanagement umfasst, um das hormonelle Gleichgewicht zu unterstützen. Bei Verdacht auf ein hormonelles Ungleichgewicht, das die Lebensqualität beeinträchtigt, ist es ratsam, einen Arzt, Heilpraktiker oder Hormoncoach aufzusuchen. Hormonspiegel können durch Blut-, Urin- und/oder Speicheltests überprüft werden. Bei Bedarf können Behandlungen wie die bioidentische Hormonersatztherapie sinnvoll sein.

Ernährung: dein Kraftstoff

Auf dem Weg ins Wunschleben und zu mehr Erfolg ist die richtige Ernährung nicht nur ein Baustein – sie ist dein täglicher Kraftstoff. Sie entscheidet darüber, mit welcher Energie und Ausdauer du deinen Alltag meisterst und wie effektiv du auf deine Ziele hinarbeiten kannst. Wie ein Hochleistungsmotor, der die beste Qualität an Treibstoff benötigt, um seine maximale Leistung zu entfalten, so benötigt auch dein Körper eine optimale Versorgung mit Nährstoffen, um in allen Lebenslagen Bestleistungen zu erzielen.

Energie und Konzentration

Die Nahrung, die wir zu uns nehmen, wird in Energie umgewandelt – Energie, die wir benötigen, um zu denken, zu handeln und zu kreieren. Komplexe Kohlenhydrate, gesunde Fette und hochwertige Proteine sind die Grundlage für einen stabilen Blutzuckerspiegel, der wiederum für eine konstante Energieversorgung und eine hohe Konzentrationsfähigkeit sorgt. Ein ausgewogener Blutzuckerspiegel verhindert Energieeinbrüche am Nachmittag und ermöglicht es dir, fokussiert und effizient an deinen Aufgaben zu arbeiten.

Körperliche und geistige Leistungsfähigkeit

Die richtige Ernährung liefert nicht nur Energie in Form von Kalorien, sondern auch Mikronährstoffe wie Vitamine, Mineralien und Spurenelemente, die für die körperliche und geistige Gesundheit unerlässlich sind. Sie unterstützen die Funktion des Nervensystems, stärken das Immunsystem und tragen zur Regeneration bei. Ein Mangel an bestimmten Nährstoffen kann zu Müdigkeit, Antriebslosigkeit und einer verminderten kognitiven Leistung führen.

Gesundheit und Wohlbefinden

Ein gesunder Körper ist die Grundvoraussetzung, um langfristig erfolgreich zu sein. Eine nährstoffreiche Ernährung stärkt das Immunsystem und schützt vor Krankheiten. Sie sorgt für ein gutes Hautbild, kräftiges Haar und feste Nägel – äußere Zeichen eines gesunden Inneren. Zudem hat die Ernährung einen direkten Einfluss auf das hormonelle Gleichgewicht und somit auf unsere Stimmung und unser allgemeines Wohlbefinden.

Nachhaltigkeit und Widerstandskraft

Wer seine Ernährung bewusst gestaltet, investiert in seine Zukunft. Eine ausgewogene Ernährung, die reich an Antioxidantien ist, wirkt entzündungshemmend und kann chronischen Krankheiten vorbeugen. Zudem fördert sie die Regenerationsfähigkeit des Körpers nach Stress und Anstrengung, was dich widerstandsfähiger gegenüber den Herausforderungen des Lebens macht.

Selbstwahrnehmung und Selbstvertrauen

Die Art und Weise, wie du dich ernährst, spiegelt auch deine Selbstwahrnehmung wider. Eine bewusste Ernährung zeigt, dass du dir selbst wichtig bist und Verantwortung für deine Gesundheit und Leistungsfähigkeit übernimmst. Dies stärkt das Selbstvertrauen und die Überzeugung, dass du es wert bist, deine Ziele zu erreichen.

Die Ernährung ist somit weit mehr als nur die Summe der aufgenommenen Kalorien. Sie ist ein zentraler Aspekt deines Lebensstils, der maßgeblich darüber entscheidet, wie vital, leistungsfähig und erfolgreich du bist. Indem du deinem Körper das gibst, was er braucht, gibst du dir selbst die Möglichkeit, dein volles Potenzial auszuschöpfen. So kommst du deinem Wunschleben und deinen Höhenflügen im Business Schritt für Schritt näher.

Wasser als Kraftquelle

Ein wesentlicher Treibstoff für unseren Körper und Geist auf dem Weg zum Erfolg und zur Verwirklichung unserer Lebensziele ist Wasser.

Eine ausreichende Hydration steigert die körperliche Leistungsfähigkeit und unterstützt die Ausdauer, was besonders bei körperlichen Herausforderungen von Vorteil ist. Auch unsere geistige Klarheit und Konzentration profitieren vom Wassertrinken; ein hydrierter Geist kann sich besser fokussieren und ist effizienter bei der Bewältigung von Aufgaben.

Die Stimmung und das allgemeine Wohlbefinden werden ebenfalls durch eine gute Wasserzufuhr positiv beeinflusst, was die Motivation und das Engagement für persönliche und berufliche Ziele stärkt. Der Stoffwechsel, ein Schlüsselprozess unseres Körpers, arbeitet optimaler, wenn wir genug Flüssigkeit zu uns nehmen, was wiederum das Gewichtsmanagement erleichtert und somit zu einem gesunden Lebensstil beiträgt.

Darüber hinaus spielt Wasser eine zentrale Rolle bei der Entgiftung des Körpers, indem es hilft, Abfallstoffe und Toxine auszuscheiden. Dies trägt zu einem erhöhten Energieniveau bei, das für das Erreichen von Zielen unerlässlich ist. Auch für die Prävention von Krankheiten ist eine gute Hydration von Bedeutung, denn ein gesunder Körper bildet die Grundlage, um aktiv und beständig an der Verwirklichung unserer Träume zu arbeiten.

Wasser ist ein einfacher, aber wichtiger Aspekt eines jeden Erfolgsweges. Es unterstützt uns dabei, sowohl körperlich als auch geistig unser volles Potenzial zu entfalten und unserem Wunschleben immer näherzukommen.

Kurz zusammengefasst benötigt dein Körper folgende Dinge, um dir genug Power für die Erreichung deiner Wünsche und Ziele zu geben:

Achte darauf, genügend Proteine zu dir zu nehmen. Es sollten etwa das 1 bis 1,5-fache deines Körpergewichts in Gramm sein.

Nehmen wir an, dass du 70 kg wiegst, dann wäre es am besten, dass du täglich 70-105 g Proteine zu dir nimmst. Solltest du sportlich sehr aktiv sein, dürfen es auch 140 g Proteine am Tag sein.

Reduziere Zucker und schnell verfügbare Kohlenhydrate auf ein Minimum. Sie rauben dir die Energie, die du brauchst, um deine Ziele zu erreichen. Bevorzuge langkettige Kohlenhydrate.

Nimm genügend gesunde Fette zu dir. Sie sind extrem wichtig für den ganzen Körper und auch für den Geist. Das können Olivenöl, Kokosöl und Butter sein. Gesunde Fette stecken auch in Avocados und Kokosmilch, sowie in Fisch.

Iss täglich 500 bis 600 Gramm Gemüse oder Salat. Mische es bunt, denn je bunter es ist, umso mehr verschiedene Vitamine sind enthalten.

Obst solltest du nicht in allzu großen Mengen zu dir nehmen, weil es den Blutzuckerspiegel stark schwanken lassen kann. Esse Obst am besten direkt nach einer Mahlzeit als Nachtisch oder in Kombination mit einer Eiweißquelle. So sind die Schwankungen nicht so groß.

Trinke 2-3 Liter Wasser am Tag, damit dein Körper gut hydriert ist.

Bewegung: der Turbo-Booster

Auf deinem Weg zu einem erfüllten und erfolgreichen Leben spielt Bewegung eine Schlüsselrolle. Sie ist der Turbo-Booster, der nicht nur die körperliche, sondern auch die geistige Maschinerie in Schwung bringt und auf Hochtouren laufen lässt. Bewegung ist die Zündkerze, die den Funken für mehr Vitalität, Energie und Lebensfreude liefert.

Körperliche Gesundheit und Leistungsfähigkeit

Regelmäßige körperliche Aktivität stärkt das Herz-Kreislauf-System, verbessert die Sauerstoffversorgung im Körper und fördert die Durchblutung. Ein starker Körper bildet das Fundament für alle täglichen Herausforderungen und ist widerstandsfähiger gegenüber Stress und Krankheiten.

Geistige Klarheit und Konzentration

Bewegung hat einen direkten Einfluss auf das Gehirn. Sie fördert die Neuroplastizität, also die Fähigkeit des Gehirns, sich zu verändern und anzupassen. Dies führt zu verbesserter Konzentration, Gedächtnisleistung und kreativem Denken. Studien zeigen, dass Menschen, die regelmäßig körperlich aktiv sind, eine höhere geistige Klarheit und bessere kognitive Funktionen haben.

Emotionales Gleichgewicht und Stressabbau

Bewegung ist ein effektiver Weg, um Stress zu reduzieren und das emotionale Gleichgewicht zu fördern. Durch die Ausschüttung von Endorphinen, auch bekannt als Glückshormone, verbessert sich die Stimmung und das allgemeine Wohlbefinden. Dieser emotionale Boost kann die Motivation steigern und dabei helfen, auch in schwierigen Zeiten am Ball zu bleiben.

Selbstvertrauen und Selbstwirksamkeit

Jeder Schritt, jede gehobene Hantel und jede absolvierte Trainingseinheit trägt dazu bei, das Selbstvertrauen zu stärken. Die Erfahrung, körperliche Grenzen zu überwinden und sich selbst Herausforderungen zu stellen, fördert das Gefühl der Selbstwirksamkeit. Dieses Selbstvertrauen überträgt sich auch auf andere Lebensbereiche und unterstützt den Glauben an die eigenen Fähigkeiten und Ziele zu erreichen.

Disziplin und Struktur

Ein strukturierter Bewegungsplan fördert die Disziplin. Die Fähigkeit, sich regelmäßig zum Training zu motivieren, überträgt sich auf die Disziplin, die für die Erreichung von Zielen im Berufs- und Privatleben erforderlich ist. Diese Routine schafft Struktur im Alltag und kann helfen, Zeit effektiver zu managen.

Bewegung ist also weit mehr als nur ein Mittel zur Verbesserung der körperlichen Fitness. Sie ist ein wichtiger Bestandteil eines erfolgreichen Lebensstils, der die Tür zu mehr Energie, geistiger Klarheit, emotionalem Wohlbefinden und Selbstvertrauen öffnet. Indem du Bewegung zu einem festen Bestandteil deines Lebens machst, aktivierst du einen mächtigen Turbo-Booster, der dich deinem Wunschleben und deinem Businesserfolg einen weiteren Schritt näher bringt.

DEIN ERFOLGSLIFESTYLE

Die Synergieeffekte aus mentalen und körperlichen Veränderung werden deinem Leben ein Upgrade geben.

In einer Welt, die von Leistung und Erfolg angetrieben wird, ist es leicht, sich von der Hektik des Alltags anstecken zu lassen. Doch wahre Erfolge sind nicht nur das Ergebnis harter Arbeit, sondern auch eines ausgewogenen und bewussten Lebensstils. In diesem Kapitel erfährst du, wie die Verbindung von mentaler Stärke und körperlicher Vitalität dein Leben bereichern und auf ein höheres Niveau bringen kann.

Die mentale Stärke bildet das Fundament deines Erfolgslifestyles. Sie ist der Schlüssel, um mit den täglichen Herausforderungen umzugehen und dabei fokussiert und zielgerichtet zu bleiben. Mentale Trainingstechniken wie Selbsthypnose und Meditation helfen dir, einen Zustand innerer Ruhe und Klarheit zu erreichen. Positive Affirmationen und Visualisierungen stärken dein Selbstvertrauen und deine Widerstandsfähigkeit, die dich durch Rückschläge navigieren lässt. Ein mental gestärkter Geist ist wie ein Leuchtturm, der dir den Weg weist, selbst wenn die See rau wird.

Dein Körper ist mehr als eine Hülle, er ist ein wichtiger Teil von dir, der dich unterstützen kann, deine Ziele zu erreichen. Eine Ernährung, die reich an Nährstoffen ist, versorgt dich mit der Energie, die du benötigst, um aktiv und leistungsfähig zu sein. Regelmäßige Bewegung hält nicht nur deinen

Körper fit, sondern wirkt sich auch positiv auf deine geistige Gesundheit aus, indem sie Stress abbaut und die Kreativität fördert. Ausreichend Schlaf ist ebenso entscheidend, denn er ermöglicht es deinem Körper und Geist, sich zu regenerieren und zu heilen. Wenn du deinem Körper die Pflege gibst, die er verdient, wird er dich mit Vitalität und Energie unterstützen.

Die Kombination aus mentaler und körperlicher Gesundheit schafft Synergieeffekte, die deine Fähigkeiten vervielfachen. Wenn dein Geist klar und dein Körper stark ist, kannst du Herausforderungen mit Leichtigkeit meistern und deine Ziele motiviert verfolgen. Die Harmonie von Körper und Geist ermöglicht es dir, deine Ressourcen effizient zu nutzen und unterstützt eine gesunde, erfolgsfördernde Lebensweise. Es ist die Balance, die dich in einen Zustand des Flows bringen kann, wo Arbeit sich nicht mehr wie arbeiten anfühlt und sich mehr Erfolge entwickeln können.

Indem du mentale und körperliche Übungen zu einem festen Bestandteil deines Alltags machst, legst du den Grundstein für einen Lebensstil, der dich nicht nur zu deinen Zielen führt, sondern dir auch ermöglicht, den Weg dorthin zu genießen. Du wirst eine neue Art von Erfolg erleben – einen, der nachhaltig ist und dich als Person wachsen lässt. Dieser Lifestyle ist ein Upgrade für dein Leben, das dich deinem Wunschleben immer näherbringt.

„Dein Erfolgslifestyle“ ist durch die Synergie von Geist und Körper eine große Unterstützung, damit du dein volles Potenzial entfalten kannst. Es ist eine Einladung, die Weichen für ein Leben voller Erfolg, Zufriedenheit und Wohlbefinden zu stellen. Beginne jetzt mit der Veränderung und erlebe, wie sich deine Welt verändert, wenn auch du die Synergieeffekte mentaler und körperlicher Veränderungen als Upgrade für dein Leben annimmst.

Die Reise zu einem Erfolgslifestyle ist ein fortlaufender Prozess, der dich dazu einlädt, die Qualität deines Lebens kontinuierlich zu verbessern. Es geht darum, eine Lebensweise zu erreichen, die nicht nur deine Ziele unterstützt, sondern auch dein Wohlbefinden fördert.

Deine Umgebung spielt eine entscheidende Rolle in deinem Erfolgslifestyle. Eine Umgebung, die Ordnung, Inspiration und Ruhe fördert, kann deine mentale Klarheit und Produktivität steigern. Ob es sich um einen aufgeräumten Arbeitsplatz oder einen friedlichen Rückzugsort handelt, die Gestaltung deines physischen Raums sollte deine Bestrebungen widerspiegeln und unterstützen. Investiere in deine Umgebung, denn sie ist die Bühne, auf der du deine Träume in die Realität umsetzt.

Genauso wichtig wie die Beziehung zu dir selbst sind die Beziehungen zu anderen. Umgib dich mit Menschen, die deine Visionen teilen und unterstützen. Dadurch entsteht eine Energie, die dich und andere motiviert, über sich hinauszuwachsen. Netzwerke, Mentoren und Gleichgesinnte sind wertvolle Werkzeuge auf deinem Weg. Sie bieten nicht nur Unterstützung und Rat, sondern fordern dich auch heraus, deine Grenzen zu erweitern und neue Perspektiven zu gewinnen.

Effektives Zeitmanagement ist ein weiterer Eckpfeiler des Erfolgslifestyles. Die Fähigkeit, deine Zeit sinnvoll zu nutzen, entscheidet darüber, wie viel du erreichen kannst. Priorisiere Aufgaben, die dich deinen Zielen näherbringen, und lerne, Nein zu sagen zu Ablenkungen, die dich davon abhalten. Die bewusste Entscheidung, wie und mit wem du deine Zeit verbringst, ist ein Ausdruck deiner Werte und deines Engagements für deinen Erfolg.

Ein Erfolgslifestyle beinhaltet auch das Prinzip des lebenslangen Lernens. Die Welt verändert sich ständig, und um an der Spitze zu bleiben, musst du bereit sein, dich kontinuierlich weiterzuentwickeln. Ob durch Bücher, Kurse, Workshops oder Coachings - das Streben nach Wissen und neuen Fähigkeiten hält deinen Geist flexibel und deine Fähigkeiten auf dem neuesten Stand.

Ohne Gesundheit ist jeder Erfolg vergänglich. Ein Erfolgslifestyle erfordert, dass du deine Gesundheit zur obersten Priorität machst. Dies bedeutet, regelmäßige medizinische Check-ups, achtsames Essen und die Pflege deiner mentalen Gesundheit. Ein gesunder Körper und Geist sind dein größtes Kapital, und du solltest sie niemals vernachlässigen.

Dein Erfolgslifestyle ist ein ganzheitliches Konzept, das alle Aspekte deines Lebens umfasst. Es geht darum, eine Balance zu finden, die es dir ermöglicht, auf vielen Ebenen zu glänzen. Indem du die Synergieeffekte aus mentalen und körperlichen Veränderungen nutzt, schaffst du ein Leben, das nicht nur erfolgreich, sondern auch erfüllend ist. Es ist ein Prozess des ständigen Wachstums und der Verbesserung, der dich dazu in die Lage versetzt, deine Träume zu verwirklichen und ein Leben zu führen, das wirklich als Erfolg bezeichnet werden kann. Was für dich „ein Erfolg" ist, definierst du für selbst. Denn Erfolg bedeutet für jeden etwas anderes.

Der erste Schritt auf dem Weg zu deinem Erfolg ist es, ein klares Ziel vor Augen zu haben. Ohne eine Vision, wohin die Reise gehen soll, tappt man oft orientierungslos im Nebel umher. Überlege dir genau, was du erreichen möchtest – sei es beruflicher Erfolg, mehr Gesundheit, finanzielle Unabhängigkeit, eine glückliche Beziehung oder ein erfülltes Privatleben. Je konkreter du deine Ziele definierst, desto leichter ist es, einen Plan zu erstellen und die richtigen Schritte zu gehen, um sie zu verwirklichen.

Sobald du weißt, was du willst, ist es wichtig, einen realistischen Zeitplan aufzustellen. Teile dein großes Ziel in kleinere, messbare Etappenziele auf. Das gibt dir Motivation durch kleine Erfolge und hilft dir, am Ball zu bleiben. Lege fest, was du wann erreichen willst, z.B. in einem Monat, in einem halben oder ganzen Jahr. Überprüfe regelmäßig deinen Fortschritt. So bleibst du auf Kurs Richtung deines Traumziels.

Ebenso wichtig für deinen Erfolg ist eine positive Einstellung und Überzeugung. Nur wenn du fest daran glaubst, deine Ziele erreichen zu können, wirst du die nötige Energie und Beharrlichkeit aufbringen, alle Hürden zu überwinden. Vertraue auf deine Fähigkeiten und habe den Mut, über Grenzen hinauszugehen. Eine optimistische Grundeinstellung zieht auch Menschen und Chancen an, die dich weiterbringen.

Gib niemals auf, auch wenn Rückschläge kommen. Erfolg ist ein Prozess mit Höhen und Tiefen. Akzeptiere, dass Hindernisse und Misserfolge Teil der Reise sind. Lerne aus ihnen, aber lass dich nicht entmutigen. Bleibe flexibel und erfinderisch, um Lösungen für Probleme zu finden. Mit Beharrlichkeit lassen sich fast alle Schwierigkeiten meistern.

Vernetze dich mit Menschen, die bereits da sind, wo du hinwillst. Ihr Wissen und ihre Erfahrung sind Gold wert. Profitiere von ihren Fehlern und ihrem Rat, um Abkürzungen zu nehmen. Gleichzeitig kannst du anderen auf ihrem Weg helfen und wertvolle Kontakte knüpfen. Gemeinsam erreicht man mehr.

Investiere in dich selbst durch kontinuierliche Weiterbildung, sei es durch Kurse, Seminare oder Mentoren. Stillstand bedeutet Rückschritt, also arbeite immer an deinen Fähigkeiten und deiner Persönlichkeit. Schärfe deinen Geist, erweitere deinen Horizont. Lebenslanges Lernen ist der Schlüssel zur Selbstverwirklichung.

Achte auf eine gesunde Work-Life-Balance. Erfolg sollte nicht um jeden Preis erreicht werden. Nimm dir Zeit für Familie und Freunde, für deine Interessen und Leidenschaften. Entspannung, Spaß und Muße sind wichtig, um nicht auszubrennen. Nur ein erfülltes Privatleben macht beruflichen Erfolg dauerhaft lohnenswert.

Visualisiere so oft wie möglich das Erreichen deiner Träume. Stell dir vor, wie du bist, denkst und handelst, wenn du an deinem Traumziel angekommen bist. Diese mentale Technik prägt dein Unterbewusstsein und zieht Erfolg magnetisch an. Du manifestierst gedanklich schon heute die Realität von morgen.

Mit dem richtigen Mindset, einer klaren Vision und einem planvollen Vorgehen kannst du jedes Ziel im Leben erreichen. Hab Vertrauen in dich, bleib fokussiert und handle entschlossen. Dein Erfolgslifestyle beginnt jetzt!

ERFOLGSSTORYS

Sie haben es geschafft. Du kannst das auch!

Einige meiner Klientinnen haben zugestimmt, dass ich ihre Erfolgsstorys mit dir teile, indem ich sie in mein Buch aufnehme. Ich freue mich sehr darüber, dass ich sie ein Stück auf ihrem Erfolgsweg begleiten durfte.

Carola Wolf, Inhaberin von Lausitzwerbung wünschte sich eine spitzere Positionierung und wollte den Geldfluss stärken.

Seit 30 Jahren führe ich nun schon mein Systemhaus für Werbung. Als ich Michaela kennenlernte, wünschte ich mir eine spitzere Positionierung. Mein Traum war es eine Zielgruppe zu definieren, die mir wirklich am Herzen lag, die ich verstand und rundum bedienen konnte.

Vom Verstand her war mir das nicht möglich. Ich stand mir selbst im Weg und spürte, dass das das Wachstum meines Unternehmens beeinträchtigte, denn die Unklarheit in meinen Gedanken verhinderte dies. Welche Kunden liegen mir wirklich am Herzen, was sind meine Stärken für sie, welchen Nutzen haben sie, wenn sie mit mir arbeiten, all das waren Fragen, die ich nicht einfach so beantworten konnte.

Dazu kam, dass ich zwar genug Geld verdiente, um die Gehälter meines Teams zu zahlen, mich und meine Familie zu versorgen und mein Haus mit großem Grundstück zu unterhalten. Viel darüber hinaus gingen die Einnahmen vorher nicht. Es reichte also sehr gut für das „normale" Leben, aber es war nicht genug Geld da, um wirklich mein Wunschleben leben zu können.

Zum Wunschleben gehört für mich, dass ich mich weiterhin ehrenamtlich engagiere und regelmäßig größere Summen in ehrenamtliche Projekte einzubringen vermag. Außerdem würden Reisen mit meinem Mann, das Unterstützen unserer fünf Kinder, viel Kultur und das Vorantreiben weiterer Herzensprojekte mein Leben zusätzlich bereichern.

Die Gespräche und Online-Hypnosen mit Michaela haben mir sehr gutgetan. Innerlich bin ich dabei heruntergefahren, also komplett zur Ruhe gekommen. Das wiederum sorgte dafür, dass ich einen klareren Kopf bekam und mich auf andere Art und Weise mit den Themen auseinandersetzen konnte.

Als meine Zielgruppe „Existenzgründerinnen" feststand, fühlte ich mich damit absolut wohl und auch die Umsätze sind in die Höhe gegangen. Ich blicke zuversichtlich in die Zukunft und weiß, dass ich meine Ziele erreichen werde. Die Zusammenarbeit mit Michaela ist noch nicht beendet und ich bin mir sicher, dass wir gemeinsam dafür sorgen, dass mein Umsatz weiter steigen wird und ich dadurch meinem Traumleben immer näherkommen werde.

Carola Wolf ist Expertin für Gründerinnen und deren engagierte Mitstreiterin auf der Reise zur Sichtbarkeit und Erfolg.

Sie nimmt dich an die Hand und hilft dir bei der Gestaltung eines strukturierten und profitablen Unternehmens.

Mit ihrer Mokassin-Methode findet sie gemeinsam mit dir heraus, was dich besonders macht und verwandelt es in ein unwiderstehliches Angebot für Menschen, die dies nicht nur kaufen, sondern auch lieben werden.

Sonja Kreye von Business Celebrity wurde von einem Motivationstief ausgebremst

Als ich mit meinem Wunsch, mein Motivationstief zu beenden, auf Michaela zukam, hatte ich bereits Erfahrungen mit Hypnose gesammelt. Doch mit Online-Hypnose war ich noch nicht vertraut. Skeptisch, aber offen für neue Wege, entschied ich mich, diese Herausforderung anzunehmen. Es hat sich herausgestellt, dass es eine gute Entscheidung war.

Michaela, mit ihrer ruhigen und einfühlsamen Art, schuf eine Atmosphäre des Vertrauens, auch über die digitale Distanz hinweg. Ihre Stimme führte mich durch die Sitzungen, und ich fand mich in einem Zustand der Entspannung und Konzentration wieder, den ich allein nur schwer erreichen konnte. Die Online-Hypnose bot mir einen sicheren Raum, in dem ich mich meinen inneren Blockaden stellen konnte. Michaela begleitete mich auf einer Reise in mein Unterbewusstsein.

Durch die Zusammenarbeit mit ihr konnte ich mein ausgewaschenes Motivationstief überwinden und lernte, mich wieder besser mit meiner eigenen Intuition zu verbinden. Was mir geholfen hat, bessere Entscheidungen zu treffen.

Kurz darauf hatte ich eine zündende Idee. Es war, als ob ein Schalter umgelegt wurde. Mit vollem Antrieb setzte ich diese Idee in die Tat um und sah, wie sie Früchte trug.

Insgesamt brachte mir die Online-Hypnose mit Michaela nicht nur meine Motivation zurück, sondern ich sah auch einen noch tieferen Sinn in meiner Arbeit. Mein Business ist nun nicht nur erfolgreicher, sondern macht mir wieder mehr Spaß, und ich fühle mich in meiner Haut wohler. Diese Art von Therapie mag nicht für jeden sein, aber für mich war es der Schlüssel zur Überwindung meines Motivationstiefs und zur Verbindung mit meiner Motivation.

Sonja Kreye ist Online Coaching Business-Mentorin, Amazon Bestseller-Autorin und Podcasterin und hilft Coaches, Beratern und Experten ein profitables Online Business aufzubauen.

Sandra Radünz von BUSINESS AND MAGIC vom Körper ausgebremst, mit Hypnose ErfolgsBremse gelöst.

Seit ich mich 2012 als FengShui-Beraterin selbständig gemacht hatte, stieg mein Umsatz jedes Jahr auf gesunde Weise und ich freute mich immer mehr zum Haushaltseinkommen beizutragen. Michaela lernte ich im Netzwerk kennen und wir begleiteten uns regelmäßig bei unseren nächsten Schritten im Business.

Im Jahr 2019 schien sich mein Business durch vielfältige Aktivitäten besonders gut zu entwickeln, bis ich mit Herzrasen in der Notaufnahme landete. Mir war schnell klar, dass mir mein Körper auf diese Weise etwas sagen wollte. Michaelas Arbeit war für mich eine Möglichkeit, an meinem Bewusstsein vorbei, der Erfolgsbremse auf die Spur zu kommen.

Während der Hypnosesitzung in Michaelas Praxis haben wir eine Situation in meiner Kindheit gefunden, die dafür gesorgt hat, dass ich mich seitdem mit Resignation auf Fremdbestimmung eingelassen habe. Wir entwickelten einen neuen Glaubenssatz: "Ich will nicht mehr wollen, was du willst!" Der mir auch heute noch hilfreich ist, wenn ich merke, jemand versucht mich zu manipulieren.

Darüber hinaus zeigte sich in der Hypnose, dass mich die von mir unbewusst übernommene Idee meines Mannes, mein Business als Steuersparmodell in der Ehe zu betrachten, auch immer wieder nur bis zu einer gebremsten Höhe meiner Umsätze geführt hat. Heute bin ich kein Steuersparmodell mehr und die letzten Jahre haben mir gezeigt, dass ich sehr wohl auch allein von meinem Business leben kann.

Eine weitere Zusammenarbeit mit Michaela hat mich von einer Schreibblockade befreit. Da mein Kalender den Ausflug in Michaelas Praxis nicht hergab, bot Michaela mir an, diese Erfolgsbremse mit einer Onlinehypnose zu lösen. Das kam mir erst etwas abwegig vor, doch da wir uns schon so lange kannten und ich die Erfolge aus der Präsenzhypnose schätze, habe ich mich auf dieses Experiment eingelassen. Während der Online-Sitzung wurde schnell klar, Michaela weiß, was sie tut und hat mich auch da professionell begleitet, sodass es kaum einen Unterschied bei der gemeinsamen Arbeit gab. Abgesehen von gesparter Fahrzeit und einem Bildschirm dazwischen, war für mich kein Unterschied erkennbar.

Die Schritte zum Auflösen der Schreibblockaden waren sehr gezielt, sodass ich meine „Baustellen" finden und auflösen konnten. Nach der Online-Hypnose fühlte ich mich leichter und entspannt und konnte meinen weiteren Tagesablauf wie gewohnt fortsetzen.

Gerade beweise ich mir durch das zügige und fließende Schreiben dieser Erfolgsstory selbst, dass die Schreibblockade der Vergangenheit angehört. Rückblickend kann ich sagen, dass ich mich sowohl in der Praxis als auch bei der Online-Hypnose sehr gut begleitet fühlte und ich jederzeit Herrin der Lage war. Das Lösen meiner ErfolgsBremsen hat mich Schritt für Schritt auf eine andere Ebene gebracht und ich folge meinem Herzen und damit meiner Freude in meinem selbstbestimmten Leben.

Du hast eine Vision. Wissen deine Räume davon? Mit dieser Herangehensweise begleitet Sandra Radünz Unternehmerinnen als FengShuiStrategin und "übersetzt Fachchinesisch“, sodass die Kundinnen ihre Kraftquellen in sich selbst und in ihren Räumen kennen, selbst gestalten und nutzen können.

Sonja Lang, Vorstand der ErVer eG hatte Angst vor Telefonakquise

Als Psychologin und Gründerin der ErVer eG weiß ich, wie entscheidend es ist, ein gesundes Arbeitsklima zu schaffen und psychische Belastungen am Arbeitsplatz zu reduzieren. Meine tägliche Arbeit dreht sich darum, Unternehmen dabei zu unterstützen, ein Umfeld zu schaffen, in dem Mitarbeitende sich wohlfühlen und ihr volles Potenzial entfalten können. Aber selbst ich, mit all meinem Fachwissen und meiner Erfahrung, stieß auf eine Herausforderung, die ich nicht allein bewältigen konnte: die Hemmung, zum Telefon zu greifen und potenzielle Klienten anzurufen. Diese Blockade war für mich besonders frustrierend, da sie den Ausbau meiner Unternehmensberatung behinderte. Es war ein innerer Kampf, der weder mit Logik noch mit professionellen Kenntnissen zu überwinden war. In dieser Situation wandte ich mich an Michaela Ortmayer, die Expertin für das Lösen von Erfolgsbremsen mittels Online-Hypnose. Michaela führte mich durch einen Prozess, der mir half, die Wurzeln meiner Telefonangst zu verstehen und anzugehen.

Diese Sitzung war ein wunderbarer Wendepunkt für mich. Sie half mir, meine unbewussten Ängste zu erkennen und sie in etwas Positives umzuwandeln. Die Angst vorm Telefonieren verwandelte sich in eine Chance, neue Geschäftsbeziehungen zu knüpfen und meine Dienstleistungen anzubieten. Ich begann, potenzielle Kunden mit einer neuen Zuversicht anzurufen, die ich vorher nicht hatte.

Seit der Veränderung fühlte ich mich nicht nur befreiter und selbstsicherer, sondern ich konnte auch beobachten, wie sich meine Geschäftskontakte erweiterten und die ErVer eG wuchs. Die Unternehmen, mit denen ich zusammenarbeitete, profitierten von einer gesteigerten Mitarbeiterzufriedenheit und einer Reduzierung der Fluktuationskosten.

Diese persönliche Erfahrung bestärkte mich in meinem Glauben, dass es keine Schwäche ist, Hilfe anzunehmen, sondern eine Stärke. Es zeigte mir auch, dass wir, egal wie erfolgreich oder erfahren wir sind, immer Bereiche haben, in denen wir wachsen und uns verbessern können. Michaelas Unterstützung war entscheidend für meine persönliche und berufliche Entwicklung, und ich bin dankbar für die Erfahrungen und Erkenntnisse, die ich durch unsere Zusammenarbeit gewonnen habe.

Claudia Götz, Selbstverwirklichung-Coach suchte Entscheidungssicherheit

Vor sechs Jahren stand ich an einem entscheidenden Wendepunkt in meinem Leben. Als Beamtin war ich in einer Welt der Sicherheit und Vorhersehbarkeit verankert, doch tief in meinem Herzen wusste ich, dass ich nach mehr strebte. Auch wenn der Ruf meiner Seele nach Lebenssinn und Erfüllung laut war, so schien der Weg in die Selbstständigkeit voller Unsicherheiten und Ängste, vor allem in finanzieller Hinsicht. Zusätzlich wollte ich mich von einem familiären Muster lösen, das besagte, dass man mit Selbstständigkeit kein Geld verdienen könne, geschweige denn mehr als die Generationen vor mir.

So buchte ich ein Coaching bei Michaela Ortmayer. Durch die Sitzung mit Michaela erkannte ich meine inneren Blockaden und Ängste, die mich davon abhielten, meinen eigenen Weg zu gehen. Mir wurde klar, dass ich die alten Familienmuster nicht länger leben musste – sie waren lediglich ein Teil meiner bisherigen Lebensreise und es galt, sie zu überwinden. Zudem durfte ich mir selbst die Erlaubnis für Erfolg auf allen Ebenen geben, finanziellen Erfolg eingeschlossen.

Michaelas Coaching gab mir Sicherheit und Selbstvertrauen, dass ich die richtige Entscheidung getroffen hatte, meinen Beamtenstatus hinter mir zu lassen und mich fortan meiner wahren Berufung zu widmen.

Heute, sechs Jahre später, bin ich nicht nur erfolgreich als Selbstverwirklichungs-Coach selbstständig, sondern auch Buchautorin. Ich habe es mir zur Aufgabe gemacht, anderen Menschen zu zeigen, wie sie ihre Träume leben und ein freies und selbstbestimmtes Leben erschaffen. Mein Weg hat mich gelehrt, dass Veränderung auch in Krisen möglich ist und dass wahre Erfüllung darin liegt, seinen eigenen Weg zu gehen.

In meiner Praxis lehre ich, dass Träume keine Illusionen sind, sondern Wegweiser zu einem erfüllten Leben. Gemeinsam schaffen wir die Brücke von der Vision zur Realität.

Michaelas Coaching war einer der Meilensteine auf meiner Reise. Ich bin sehr dankbar für die klare Ausrichtung, die mein Leben durch unsere Begegnung genommen hat.

Eva Maria Meier, Praxis Freiraum, Expertin Thema Angst, Geld verlangen war komisch

Als studierte Oecothrophologin und ehrenamtlich Klinikseelsorgerin habe ich eine Heilpraxis für Psychotherapie eröffnet und medizinische Heilhypnose und lösungsorientierte Traumatherapie erlernt. Meine Praxis in Hille heißt Freiraum, und mein Gedanke war, Menschen rund um die Themen Seele und Ernährung zu begleiten.

Wenn man seit Jahrzehnten ehrenamtlich tätig ist, ist es sehr merkwürdig, für eine ähnliche Tätigkeit plötzlich Geld zu verlangen. Ich habe mich immer wieder dabei ertappt, mich vor KlientInnen zu rechtfertigen und habe mich schuldig gefühlt, wenn ich erklärte, dass die Krankenkasse die Kosten nicht übernimmt.

Zudem war und bin ich im Unternehmen meines Mannes mit einigen Aufgaben betraut, engagiere mich weiterhin ehrenamtlich und habe Familie. In diesem Spagat ernsthaft Zeit für mein eigenes Business oder gar für mich selbst einzufordern und mir meinen Platz zu nehmen, fiel mir schwer. Die Praxis kam lange an letzter Stelle. Dabei macht mich diese Arbeit doch ganz besonders glücklich!

Ich habe ein Online-Seminar zum Thema ErfolgsBremsen lösen bei Michaela gemacht. Da fiel mir deutlich auf, dass ich mich in puncto Geld und Erfolg kleiner denke, als es sein müsste. Wenn ich mehr von dem tun möchte, was mir Freude macht, darf ich investieren und guten Gewissens meine Leistung gegen eine gerechte Bezahlung tauschen! Berufung und Erfolg schließen sich nicht aus. Das musste mir erst einmal klar werden.

Kurz darauf stieß ich auf eine Fortbildung, die genau mein Ding war. So konnte ich mein bisheriges Wissen und die neue Arbeitsweise kombinieren. Tatsächlich sehr erfolgreich - es gelingt mir, auch schwere Fälle gut zu begleiten. Vor allem Ängste sind mein Thema. Auch wenn das komisch klingt – ich liebe es, Menschen durch ihre Angst hindurch in eine neue Freiheit zu begleiten! Michaela hat mir von Anfang an vermittelt, ruhig und gelassen an meiner Seite zu stehen. Sie hat mir geholfen, Erfolg als gerechte Ernte für eine gute Arbeit zu sehen!

Die Onlinehypnose bot Freiräume für mich, für meine individuellen Ziele und Problemstellungen. Ohne Michaela wäre mir nicht aufgefallen, dass ich mich kleiner mache. Ohne diesen Termin hätte ich nicht in eine relativ teure Fortbildung investiert, die heute meine liebste Arbeit ist und mein eigenes Denken und Tun verändert hat.

Monika Richrath ist EFT-Coach und wurde von einer Umsatzschallmauer und einem Kindheitstrauma ausgebremst

Diesen Tag werde ich nie im Leben vergessen, obwohl es schon lange her ist. Ich hatte mich zu Michaelas online Powertag „Sprenge deine Umsatzschallmauer" angemeldet. Eine wirklich ausgefuchste Idee übrigens, brillant konzipiert und sehr, sehr wirkungsvoll umgesetzt. Der Powertag bestand aus mehreren kleinen Einheiten, bei denen es zunächst darum ging, Einnahmen und Ausgaben zu ermitteln, ein Wunscheinkommen festzulegen und zu überlegen, wie und womit sich das erreichen lassen könnte, plus 2 Online-Hypnoseeinheiten zur Unterstützung. Zum Zeitpunkt des Powertages war ich relativ verzweifelt, weil ich mit meiner Selbstständigkeit als EFT-Coach für hochsensible Menschen einfach kein Bein auf den Boden bekam. Eigentlich ging es immer nur gerade so ums Überleben, oft kam ich ohne zusätzliche Hilfe des Jobcenters überhaupt nicht klar. Der Mangel war Dauergast bei mir. Und dann diese Übung.

Ein Wunscheinkommen festzulegen. Mutig hatte ich mal 5.000 € aufgeschrieben, ein Monatseinkommen, mit dem ich mich wirklich reich fühlen würde. Aber dann kam sofort ein zartes, aber beharrliches Stimmchen hinterher: „Eigentlich hättest du doch gerne 10.000 € im Monat." Ich bekam Schweißausbrüche. „Jetzt, echt?" Und „Darf ich das?" Ich habe so gehadert und mit meinen Zweifeln gekämpft … am Ende stand da aber doch: Monatseinkommen 10.000 €. Das war so ein Meilenstein auf meinem Weg. Weil dadurch das für mich vollkommen Undenkbare denkbar wurde.

Ich habe dann herausgefunden, dass mein Leben im Grunde genommen durch bestimmte Glaubenssätze und Gefühlszustände bestimmt wurde, die ich aus Loyalität von meinen Eltern übernommen hatte. Und auch, dass meine Erfolgs-Bremse durch ein Kindheitstrauma (durch belastende Kindheitserfahrungen) entstanden ist. Daraus entstand ein ganzes Konglomerat an hinderlichen Überzeugungen, wie „es nicht wert zu sein", Dinge nicht zu verdienen (z. B. konnte ich keine angemessenen Preise verlangen), mich nicht abgrenzen zu können und dürfen, keine wertschätzenden Follower:innen anzuziehen, sehr, sehr viel zu arbeiten, ohne jedoch ausreichendes Einkommen zu erzielen …, nicht gut für mich sorgen dürfen und so weiter und sofort. Darum habe ich mein Leben hauptsächlich als verkümmerte Version meiner Selbst gelebt, bei der nur wenig von dem ankommen konnte, was ich unternahm, damit es mir besser ging. Ich war in gewisser Weise ja gar nicht zu Hause! Eine sehr intensive Form von spiritueller Energiearbeit hat mir geholfen, in mir Platz zu nehmen. Seitdem kommen die wunderbaren Segnungen des Universums auch bei mir an!

Der Powertag ist schon Jahre her. Ich denke immer wieder einmal an ihn zurück. Michaela hat einen sehr wichtigen Beitrag zu meinem Unternehmenserfolg geleistet. Nicht nur, weil ich vorher kein Bewusstsein hatte von der Umsatzschallmauer, sondern, weil sie mich ermutigt hat, groß zu denken und das Undenkbare in greifbare Nähe zu rücken!

Monika Richrath, unterstützt als EFT-Coach Menschen mit Kindheitstrauma darin, Lernerfahrungen durch belastende Kindheitserfahrungen mit der EFT-Klopftechnik aufzulösen.

Tomke Oeltjes ErfolgsBremse war Versagensangst

Ich habe vor einigen Jahren ein Hypnosecoaching bei Michaela gebucht, um meine Erfolgs-Bremsen zu lösen.

Zu dem Zeitpunkt trat ich auf der Stelle und kam einfach nicht voran mit meinen Plänen, Kurse auch für Reiter anzubieten. Ich konnte gar nicht so genau sagen, woran es lag ...

Als Physio, HP, TTouch Practitioner und Pilates Trainerin hatte ich alle Voraussetzungen, um auch mit Reitern zu arbeiten. Kurse im Bereich der Körperwahrnehmung und Bewegung habe ich schon lange im Programm gehabt.

Nur an die Reiter (mein großer Traum) habe ich mich nicht so wirklich herangetraut. Meine eigenen Konzepte waren mir entweder nicht gut genug oder vermeintlich zu umfangreich, irgendwie hatte ich immer andere Ausreden, warum es nicht so funktionierte, wie ich es wollte.

Gemeinsam mit Michaela konnte ich herausfinden, dass meine große ErfolgsBremse eine Versagensangst ist, das Gefühl, dass ich nicht gut genug bin. Dann ging es ans Bearbeiten.

Anfänglich war ich skeptisch, ob das mit Hypnose funktioniert, damit kannte ich mich überhaupt nicht aus. Aber die Idee, dass mir das Weiterhelfen kann und meine Neugier haben zum Glück gesiegt.

Mit Michaela zu arbeiten, hat mir sehr gutgetan. Es hat mir nicht nur mit der konkreten Problematik geholfen, sondern auch dazu beigetragen, dass ich mich selbst viel besser verstehen kann.

Durch die Sitzungen konnte ich meine Versagensangst überwinden und an meinem eigenen Selbstwert arbeiten.

Die Hypnose mit Michaela hat mich so sehr fasziniert, dass ich mittlerweile auch die Ausbildung gemacht habe und Hypnose für Reiter (Equihypnose®), sowie Kurse für Selbstvertrauen und Sitzverbesserung für Reiter anbiete.

Michaela hat einen wichtigen Stein für mich ins Rollen gebracht.

Tomke Oeltjes ist Hypnosetherapeutin, Heilpraktikerin und Physiotherapeutin

Petra fühlte sich ausgebremst, weil sie sich selbst nicht treu bleiben konnte

Ich möchte euch erzählen, wie ich es geschafft habe mehr Selbstwertgefühl und Vertrauen in mich selbst zu bekommen.

Trotz dass ich gute Fachkenntnisse und auch ein gewisses Maß an Selbstvertrauen hatte, fiel es mir bei Diskussionen oder konstruktiven Auseinandersetzungen schwer bei mir zu bleiben und auch meinen Gefühlen treu zu bleiben.

Es war ein innerlicher Kampf, in dem es darum ging Ungerechtigkeiten auszuhalten oder mich dem Konflikt zu stellen.

Des Weiteren machte es mir Kopfzerbrechen, ob ich – wenn ich mich dem Konflikt stelle – andere Menschen verletzten könnte.

Diese zwiespältigen Gefühle kosteten mich wahnsinnig viel Kraft und ich wusste, dass sich etwas ändern musste - was mich zu Michaela führte.

Mit ihr zusammen lernte ich genau an dieser Problematik zu arbeiten. Mich mehr zu schätzen, mir zu vertrauen und auch ruhig mal „anzuecken".

Gezielte Übungen und sehr tiefgreifende Gespräche mit Michaela haben mich dazu gebracht, bei meinen Entscheidungen zu bleiben und mich dabei auch gut zu fühlen.

Dadurch kann ich sehr viel entspannter durch meinen Alltag gehen und nehme die Meinung anderer zwar weiterhin ernst, lasse mich aber nicht mehr so schnell davon beeinflussen.

Es wirkt sich sehr positiv auf die Arbeit mit meinen Kunden aus, da ich in mir ruhe und sich das wiederum sehr in der Arbeit mit den Tieren widerspiegelt. Vielen Dank dafür.

Mein Name ist Petra und ich helfe Menschen eine auf Vertrauen und Fairness basierende Beziehung zu ihren Tieren aufzubauen.

SCHLUSSWORT

Zusammenfassung und Schlüsselerkenntnisse

"Mit Vollgas ins Wunschleben" ist ein Leitfaden, der Leserinnen und Lesern zeigt, wie sie durch das Lösen von inneren Blockaden und das Nutzen ihrer mentalen und körperlichen Ressourcen ihre Ziele erreichen und ein erfülltes Leben führen können. Das zentrale Element des Buches ist das ErfolgsBremsenLöser Konzept, das als Gamechanger dargestellt wird, um persönliche und berufliche Erfolge zu erzielen.

Das Konzept basiert auf der Kraft der Hypnose, die als mentaler Turbo fungiert, um unbewusste Hindernisse zu überwinden und eine positive Veränderung zu bewirken. Es wird erklärt, dass Hypnose in der Lage ist, das Unterbewusstsein zugänglich zu machen und so eine tiefgreifende Transformation zu ermöglichen. Die Sicherheit und Effektivität der Online-Hypnose wird ebenfalls hervorgehoben, was sie zu einer praktischen Alternative zur Hypnose vor Ort macht.

Der ganzheitliche Ansatz des Buches betont die Bedeutung eines gesunden Körpers und eines optimierten Lifestyles als wesentliche Komponenten auf dem Weg zum Erfolg. Es wird erläutert, wie Blutwerte, Hormone, Ernährung und Bewegung als Turbo-Booster wirken, um die Leistungsfähigkeit zu steigern und das Wohlbefinden zu verbessern.

10 Schlüsselerkenntnisse aus "Mit Vollgas ins Wunschleben":

1. ErfolgsBremsenLöser Konzept

Dieses Konzept ist ein umfassender Ansatz, der darauf abzielt, die individuellen mentalen und physischen Barrieren zu identifizieren und zu überwinden, die Menschen daran hindern, ihr volles Potenzial zu entfalten. Es verbindet mentale Techniken mit physischen Gesundheitsprinzipien, um eine nachhaltige Veränderung zu erreichen.

2. Hypnose als Veränderungsturbo

Hypnose wird als Schlüsseltechnik dargestellt, um tief verwurzelte Glaubenssätze und Verhaltensmuster zu finden und zu lösen. Sie ermöglicht es den Menschen, ihre inneren Ressourcen zu mobilisieren und Veränderungen auf einer unterbewussten Ebene zu initiieren.

3. Online-Hypnose

Die Möglichkeit, Hypnose-Sitzungen online durchzuführen, eröffnet neue Wege zur Selbstentwicklung, unabhängig von geografischen Einschränkungen. Dieser Ansatz unterstreicht die Flexibilität und Zugänglichkeit moderner Coachingformen.

4. Mentalität als Grundlage

Eine positive und zielorientierte Denkweise ist entscheidend für den Erfolg. Das Buch legt dar, wie eine veränderte Perspektive und die Beseitigung limitierender Überzeugungen zu einer produktiveren und erfüllteren Lebensweise führen können.

5. Körperliche Gesundheit

Die physische Gesundheit wird als kritischer Faktor für die allgemeine Leistungsfähigkeit und das Wohlbefinden betrachtet. Das Buch betont, wie wichtig es ist, auf die Signale des Körpers zu achten und durch präventive Maßnahmen Krankheiten vorzubeugen.

6. Lifestyle-Optimierung

Ein optimierter Lebensstil, der ausgewogene Ernährung, ausreichend Schlaf und Stressmanagement umfasst, wird als wesentlich für die Aufrechterhaltung von Energie und Motivation angesehen.

7. Blutwerte als Indikatoren

Die Analyse von Blutwerten kann wichtige Hinweise auf den Gesundheitszustand geben. Ein Ungleichgewicht kann auf Mängel hinweisen, die die körperliche und geistige Leistungsfähigkeit beeinträchtigen.

8. Hormonelle Balance

Hormone wie Cortisol, Testosteron, Progesteron, Östrogen und Schilddrüsenhormone haben einen erheblichen Einfluss auf die Stimmung, Energie und das allgemeine Wohlbefinden. Eine ausgewogene hormonelle Gesundheit ist daher für die Leistungsfähigkeit von großer Bedeutung.

9. Ernährung als Kraftstoff

Die richtige Ernährung versorgt den Körper nicht nur mit Energie, sondern beeinflusst auch die kognitive Funktion und die emotionale Stabilität. Das Buch bietet grundlegende Einblicke, wie eine nährstoffreiche Ernährung die Grundlage für Erfolg bildet.

10. Bewegung als Beschleuniger

Regelmäßige Bewegung wird als unverzichtbar für die körperliche und geistige Gesundheit beschrieben. Sie steigert nicht nur die Energie und Ausdauer, sondern fördert auch die Kreativität und Problemlösungsfähigkeit.

Diese Schlüsselerkenntnisse bilden das Fundament für einen Aktionsplan, der die Leserinnen und Leser dazu ermutigt, ihre eigenen ErfolgsBremsen zu lösen und mit voller Kraft ihrem Wunschleben entgegenzusteuern.

Dein Aktionsplan für die Zukunft

Das Buch "Mit Vollgas ins Wunschleben" hat dir hoffentlich viele Denkanstöße und Inspirationen gegeben, wie du dein volles Potenzial entfalten kannst. Doch wie setzt du diese Erkenntnisse nun in die Praxis um?

Bitte wähle aus dem Aktionsplan die Punkte aus, die für dich im Moment besonders wichtig sind und fange nicht an allen Stellen gleichzeitig an. Das könnte dich überfordern und dazu führen, dass du das Handtuch schmeißt, anstatt motiviert am Ball zu bleiben.

Hier einige Vorschläge mit Schritt-für-Schritt-Anleitungen, um die wichtigsten Prinzipien aus dem Buch in deinen Alltag zu integrieren:

1. Erfolgsbremsen identifizieren

- Führe ein Tagebuch, um unproduktive Verhaltensmuster zu erkennen
- Analysiere, welche Ängste oder Blockaden dich zurückhalten
- Ermittle, welcher Lebensstilfaktor dich ausbremst (Schlafmangel, Stress etc.)

2. Mindset umprogrammieren

- Formuliere positive Affirmationen und lies sie täglich laut vor
- Visualisiere jeden Abend für 10 Minuten deine Erfolge
- Belohne dich bei jedem noch so kleinen Fortschritt

3. Körperanalyse durchführen

- Lass einen Gesundheitscheck mit Blutbild machen
- Überprüfe deine Ernährung und optimiere sie bei Bedarf
- Treibe 3-4 Mal pro Woche moderaten Sport

4. Lebensstil anpassen

- Plane bewusst Auszeiten zur Erholung ein
- Reduziere abendliche Bildschirmzeit für besseren Schlaf
- Pflege soziale Kontakte und mach regelmäßig etwas Schönes

5. Nachhaltige Routinen einführen

- Baue neue Gewohnheiten schrittweise in deinen Alltag ein

- Belohne dich bei jedem noch so kleinen Erfolg

- Bleibe geduldig, auch bei Rückschlägen

6. Achtsamkeit üben

- Mache täglich eine 10-minütige Atem- oder Bodyscan-Meditation

- Gehe einmal pro Woche achtsam spazieren und nimm deine Umgebung bewusst wahr

- Führe Achtsamkeitsübungen auch während Alltagsaktivitäten durch

7. Dankbarkeit spüren

- Schreibe jeden Abend 3 Dinge auf, für die du dankbar bist

- Teile anderen mit, wofür du ihnen dankbar bist

- Erinnere dich in schwierigen Zeiten an Momente, in denen du glücklich warst

8. Netzwerk erweitern

- Triff dich einmal pro Monat mit neuen Menschen

- Besuche Veranstaltungen und Konferenzen in deinem Fachbereich

- Bleibe auch mit entfernten Freunden in Kontakt

9. Weiterbildung

- Besuche mindestens ein Seminar pro Quartal

- Lies regelmäßig Fachbücher oder Artikel in deinem Interessengebiet

- Sei offen für neue Ansätze und Perspektiven

10. Work-Life-Balance

- Plane im Voraus Auszeiten und Urlaube

- Lege handyfreie Zeiten für dich und deine Familie fest

- Gestalte deinen Feierabend bewusst erholsam

Mit diesen Schritten kannst du die Konzepte aus dem Buch in konkrete Maßnahmen umsetzen und dein Leben aktiv verbessern. Sei mutig und hab Vertrauen - du hast alle Möglichkeiten, deine Ziele zu erreichen! Ich wünsche dir eine tolle Reise zu einem erfüllteren Leben.

Motivation durch deinen persönlichen Cheerleader

Du hast es in der Hand und hast jetzt einen konkreten Aktionsplan, um deinem Wunschleben näherzukommen. Doch manchmal fällt es schwer, motiviert und am Ball zu bleiben. Genau dann brauchst du deinen inneren Cheerleader, der dir zur Seite steht.

Stell dir diesen Cheerleader bildlich vor - vielleicht jemanden, der dir in der Vergangenheit Kraft gegeben hat. Diese imaginäre Instanz mit roten PomPoms in der Hand kannst du immer um Rat und Motivation bitten, wenn du sie brauchst.

Folgende Tipps kann dir dein Cheerleader geben, wenn es mal schwierig wird:

"Konzentriere dich auf den nächsten kleinen Schritt, nicht auf das große Ganze. Kleine Erfolge führen zum Ziel."

"Feiere jeden noch so kleinen Erfolg und sei stolz auf dich!"

"Vergleiche dich nicht mit anderen. Jeder hat sein eigenes Tempo und seinen eigenen Weg."

"Glaube an dich, auch wenn andere es nicht tun. Du weißt am besten, wozu du fähig bist."

"Rückschläge sind normal. Sie gehören zu jeder Veränderung dazu. Nimm sie als Lektion und mache weiter."

"Du bist so viel stärker, als du denkst. Vertraue auf deine innere Kraft."

"Schiebe nichts auf die lange Bank. Fang jetzt in diesem Moment an."

Mit der Unterstützung deines inneren Cheerleaders kannst du jede Hürde überwinden. Hol dir Motivation bei ihm, sooft du sie brauchst - er ist immer für dich da und feuert dich mit den roten PomPoms an.

Dranbleiben lohnt sich, du schaffst das!

ENTDECKE MEHR AUF MEINER WEBSITE

Liebe Leserin, lieber Leser,

ich hoffe, dass "Mit Vollgas ins Wunschleben" hat dich inspiriert und wertvolle Einsichten für dein Leben und deine Ziele geboten hat. Wenn du mehr erfahren, tiefer in die Themen eintauchen oder einfach mit mir in Verbindung bleiben möchtest, lade ich Dich herzlich ein, meine Website zu besuchen.

Scanne einfach den untenstehenden QR-Code mit deinem Smartphone, um direkt zu meiner Website zu gelangen. Dort findest du weitere Inhalte, die dich auf deinem Weg zum Erfolg unterstützen.

Ich freue mich darauf, dich auf meiner Website zu begrüßen!

Liebe Grüße
Michaela

Scan mich

Kostenfreies ErfolgsBremsenLöser Beratungsgespräch

Hast du Fragen oder möchtest tiefer in die Themen von "Mit Vollgas ins Wunschleben" eintauchen? Ich biete dir gerne ein kostenfreies Beratungsgespräch an. Lass uns gemeinsam deine Ziele besprechen und Wege finden, wie du sie erreichen kannst.

Buche deinen Termin einfach, indem du den QR-Code unten scannst. Er führt dich zu meinem Kalender.

Ich freue auf unser Gespräch.

bitly

Scan mich

Liebe Grüße
Michaela Ortmayer

Lass uns in Verbindung bleiben:

Folge mir auf ...

LinkedIn:

https://www.linkedin.com/in/michaela-ortmayer-0860b4132/

Oder Instagram

https://www.instagram.com/michaela.ortmayer/

Oder Facebook

https://www.facebook.com/michaela.ortmayer.erfolgsbremsenloesen.jetzt

Quellenangaben

- Journal of Health Monitoring PDF zum Thema Vitamin D
- Hormoncoaching erlernen & gezielt anwenden Marianne Krug
- Was die Seele essen will - Julia Ross

Printed in Poland
by Amazon Fulfillment
Poland Sp. z o.o., Wrocław

30393691R00087